Football Tactics

축구 전술사

01 남미 – 브라질편

이수열 저

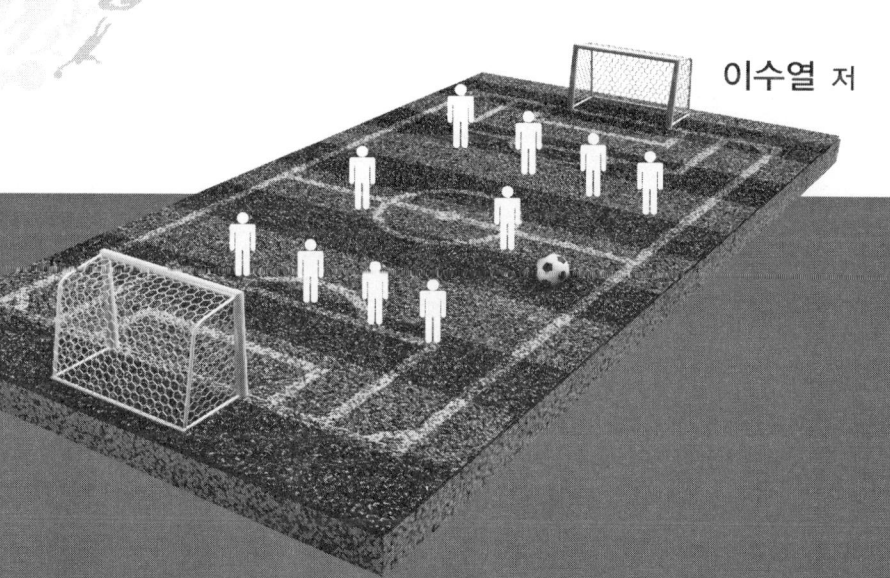

축구 전술사
1 남미-브라질편

인쇄 _ 2016년 07월 20일
발행 _ 2016년 07월 23일
지은이 _ 이수열
펴낸이 _ 김명석
편집인 _ 김영세
표   지 _ 김영세
마케팅 _ 김미영
제작인쇄 _ 정문사
펴낸곳 _ 도서출판 엘티에스 출판부 "사람들"
등   록 _ 제2011-78호
주   소 _ 서울시 관악구 신림동 103-117번지 5F
전   화 _ 02-587-8607
팩   스 _ 02-876-8607
블로그 _ http://blog.daum.net/ltslaw
이메일 _ ltslaw@hanmail.net

* 이 책의 판권은 지은이와
  도서출판 엘티에스 출판부 "사람들"에 있습니다.
  양측의 서면 동의 없는 무단전재 및 복제를 금합니다.
* 저자와의 협의 하에 인지는 생략합니다.
* 축구에 남다른 열정을 가진 분이라면 누구나
  이 시리즈의 저자가 될 수 있습니다.

ⓒ 2016

저자 이메일 lucio04@hanmail.net
ISBN 978-89-97653-99-7 14690 (세트번호 978-89-97653-98-0 14690)

정가 10,000원

Preface

┃저자 서문┃

전술사

    클럽 팀과 달리 국가대표 팀은 A매치 구간이나 비시즌 기간의 단기 토너먼트 대회를 제외하면 손발을 맞출 시간이 거의 없다. 팀을 조직할 수 있는 여건이 충분하지 않다는 말이다. 따라서 신중하고 안정적인 전술 설계가 대표 팀 운영에서는 무엇보다 중요하다. 이 같은 이유로 지도자-선수들의 성향과 경기 운영 스타일은 세대가 바뀌어도 큰 변화를 겪지 않는다. 비슷비슷한 유형의 선수들, 유사한 전술이 꾸준히 대물림되는 것이 보통이다.

    월드컵에서 여러 차례 우승을 차지한 강호일수록 이러한 경향이 두드러진다. 브라질, 이탈리아, 독일, 아르헨티나가 대표적이다. 오랜 기간에 걸쳐 다져져 온 전통성은 고비의 순간에 팀을 응집시키는 결정적인 힘으로 작용한다.

    하지만 자국의 전통적인 스타일이 국제무대에서 항상 통용되는 것은 아니다. 이는 언제나 시대의 흐름을 타고 대두되는 전술 트렌드와 부딪히게 된다. 따라서 월드컵과 같은 큰 무대에서 우승을 목표로 하는 팀에게는 트렌드에 전통성을 접목시키는 작업이 매우 중요하다. 물론 서로 다른 두 성향 사이의 접점을 찾는 것은 쉬운 일이 아니다. 색채가 뚜렷한 전통 강자들일수록 더욱 그렇다.

축구 강국 내에서 전통주의와 현실주의 간의 갈등이 발발하는 주된 이유가 바로 이것이다.

본 시리즈에서는 남미와 유럽의 강자들이 전통적 기반의 시스템 구조를 시대의 흐름에 맞춰 어떻게 변화시켜 왔는지, 그리고 이 변화 과정이 실제로 축구계의 전술 흐름에 어떤 영향을 미쳐왔는지에 대하여 살펴보고자 한다.

이수열

▎들어가기 전에 ▎

책의 내용에 대한 이해를 돕기 위해 전체 개요 및 몇 가지 전술 용어를 정리한 후 본문으로 들어가고자 한다.

1. 전체 개요

브라질 축구 전술사는 공격 중심의 전통적인 스타일을 안정 위주의 현대화에 맞춰 개량해온 역사라고 정리할 수 있다. 4-2-4 시스템 → 공격형 4-2-2-2 시스템 → 압박형 4-2-2-2 시스템 → 수비형 4-2-2-2 시스템으로 넘어온 과정이 이를 대변한다. 책의 목표는 이 흐름을 상세히 들여다보는 데 있다. 전체 개요를 간략하게 정리하면 다음과 같다.

1) 펠레의 시대(1958~1970) - 4-2-4의 시대, 공격수 중심의 전술 운영, 전통주의 형성, 절정기

↓

2) 지코의 시대(1976~1986) - 공격형 4-2-2-2의 시대, 4-2-4를 현대식으로 변형하여 4-2-2-2 형태 구축, No.10 중심의 전술 운영, 현대화로의 전환기 -

↓

3) 둥가의 시대(1989~1998) - 압박형 4-2-2-2의 시대, 4-2-2-2의 수비화, 앵커맨 중심의 전술 운영, 4-2-2-2의 구조와 압박 전술의 특성 간 부조화 현상 발생, 현대화로의 도약기 -

↓

4) 감독의 시대(2001~) - 수비형 4-2-2-2의 시대, 깊숙한 지역에서의 강건한 수비 조직력 중시, 선 수비 후 역습 기반의 실리축구 대두, 현대화의 심화 -

2. 미드필드 1선과 미드필드 2선

  시스템의 구성은 공격, 미드필드, 수비가 이루는 3선 전형을 기본으로 한다. 그런데 브라질은 오래전부터 미드필드진을 공격형, 수비형으로 나누어 4선 전형을 활용해왔다. 이번 책에서는 공격형 미드필드 라인을 미드필드 1선, 수비형 미드필드 라인을 미드필드 2선이라고 지칭할 것이다.

⚽ 참고 ⚽
▷ 공격진 = 1선
▷ 미드필드진 = 2선
  - 공격형 미드필드진 = 미드필드 1선
  - 수비형 미드필드진 = 미드필드 2선
▷ 수비진 = 3선

3. No.9와 No.10

  No.9와 No.10은 브라질의 공격 축구를 상징하는 번호이다. No.9는 센터 포워드, No.10은 보통 미드필드 1선의 공격 리더를 일컫는다. 하지만 No.9와 No.10 역할을 수행하는 선수들이 종종 등번호 9번과 10번을 달지 않고 경기에 나서는 경우도 있다. 94 미국 월드컵 당시 No.9와 No.10 역할을 두루 수행했던 호마리우는 11번을 달았고, 78 아르헨티나 월드컵에서 No.10 역할을 부여받았던 지코는 8번을 달고 활약했다. 또한 86 멕시코 월드컵 때 팀의 No.10 역할을 했던 소크라테스는 18번을 달고 그라운드를 누볐다. 이 책에서는 선수들의 실제 등번호와는 관계없이 1선의 주득점원을 No.9, 미드필드 1선의 공격 리더(공격형 플레이메이커)를 No.10이라고 지칭할 것이다.

4. 풀백과 윙백

측면 수비수의 오버래핑을 중시하는 브라질에서 3백과 4백의 해당자는 모두 윙백으로 일컬어진다. 이 책에서는 이들을 구분 짓기 위해 3백의 해당자는 역할 개념을 적용하여 윙백, 4백의 해당자는 위치 개념을 적용하여 풀백이라 지칭할 것이다.

⚽ 참고 ⚽
4백의 공격형 측면 수비수 = 풀백(위치 개념 적용) = 윙백(역할 개념 적용)
3백의 측면 수비수 = 윙 하프, 측면 미드필더(위치 개념 적용) = 윙백(역할 개념 적용)

5. 앵커맨과 포어-리베로

앵커맨은 미드필드진의 최후방에서 활약하는 수비형 미드필더, 포어-리베로는 4백 앞 포지션에 위치하는 수비형 미드필더를 일컫는다. 즉 앵커맨과 포어-리베로는 동의어이다. 브라질은 90년대부터 2명의 앵커맨(2명의 포어-리베로)을 둔 전형을 사용해왔다. 하지만 이 둘의 역할에는 차이가 있었다. 한 명은 미드필드 2선에서 중원 압박과 빌드 업의 중심을 잡아주는 '미드필더'였고, 다른 한 명은 센터 백 라인으로 처져서 3선을 보다 직접적으로 보호하고 때때로 오버래핑을 감행하는 '수비수'에 가까웠다. 이 책에서는 원활한 전술 설명을 위해 2명의 수비 전문 미드필더 중, 보다 미드필더적인 역할에 치중한 선수를 '앵커맨'으로, 보다 수비적인 역할을 수행한 선수를 '포어-리베로'라고 지칭할 것이다.

6. 공격 축구, 선 압박 후 역습, 선 수비 후 역습

축구의 전략은 크게 세 가지 스타일로 나뉜다. 공격 일변도의 전술 구성, 높은 지역에서의 압박 후 짧은 거리 역습, 낮은 지역에서의 수비 후 중거리-장거리 역습이 그것이다.

보통 팀은 위의 세 사항 중 하나를 기준으로 나머지 둘을 옵션으로 장착하여 여러 변수에 대응한다. 이 책에서는 팀의 전략 구성 방식이 공격 일변도에 기준할 경우 '공격 축구', 높은 지역에서의 압박 후 짧은 거리 역습에 기준할 경우 '선 압박 후 역습', 낮은 지역에서의 수비 후 중거리-장거리 역습에 기준할 경우 '선 수비 후 역습'이라 지칭할 것이다.

Contents

│이 책의 차례│

전술사

Section 01 펠레의 시대
4-2-4의 시대

01. 플라비우 코스타의 대각선식 WM 시스템 (50 브라질 월드컵 세대) • 13
02. 4-2-4와 4-3-3 시스템 (58 스웨덴 월드컵~70 멕시코 월드컵 세대) • 32
  ☐ 비센테 페올라의 4-2-4 시스템(58 스웨덴 월드컵 세대) • 32
  ☐ 아이모레 모레이라의 4-3-3 시스템(62 칠레 월드컵 세대) • 43
  ☐ 비센테 페올라의 4-3-3 시스템(66 잉글랜드 월드컵 세대) • 49
  ☐ 마리우 자갈루의 4-3-3 시스템(70 멕시코 월드컵 세대) • 51

Section 02 지코의 시대
공격형 4-2-2-2의 시대

01. 마리우 자갈루의 4-4-2(4-4-1-1) 시스템(74 서독 월드컵 세대) • 64
  ☐ 배경 • 64
  ☐ '시스템' 수비지향적인 플랫 4-4-2 (4-4-1-1) • 65
  ☐ '실패로 돌아간 4-4-2 카드' 암흑기의 시작 • 68

02. 클라우디오 코우티뉴의 개량형 4-3-3 시스템 (78 아르헨티
   나 월드컵 세대) • 72
   ❏ 배경 • 72
   ❏ '시스템' 4-2-2-2 대두 • 72
   ❏ 코우티뉴의 혜안 • 76
03. 테레 산타나의 4-2-2-2 시스템(82 스페인 월드컵 세대) •
   85
   ❏ 배경 • 85
   ❏ '시스템' 4-2-2-2 정형화,
      전통주의의 부활 • 85
   ❏ 수비 불안에 발목이 잡힌 12년 만의
      드림팀 • 89

Section 03 둥가의 시대
압박형 4-2-2-2의 시대

01. 라자로니의 3-5-2(3-3-2-2) 시스템 (90 이탈리아 월드컵 세
   대) • 103
   ❏ 배경 • 103
   ❏ '시스템' 3-5-2(3-3-2-2) 발현 • 103
   ❏ 시험대에 오른 라자로니의 3-5-2(3-3-2-2) 시스템
      • 107
   ❏ 실패로 귀결된 첫 현대화 • 113
02. 카를로스 페레이라의 4-2-2-2 시스템(94 미국 월드컵 세대)
   • 118
   ❏ 배경 • 118
   ❏ '시스템' 개량형 3-5-2(2-4-2-2) • 118
   ❏ No.10 딜레마 • 122
   ❏ No.10은 어디에? • 126

Contents

03. 마리우 자갈루의 4-2-2-2 시스템(98 프랑스 월드컵 세대)
- 130
- ☐ 배경 • 130
- ☐ '시스템' No.10이 가세한 압박 4-2-2-2 • 130
- ☐ 둥가 시대의 종말, 슬럼프의 시작 • 134
- ☐ 둥가의 은퇴, 그 후 • 139

전술사

Section 04 감독의 시대
수비형 4-2-2-2의 시대

01. 펠리페 스콜라리의 3-4-1-2 시스템(2002 한일 월드컵 세대)
- 143
- ☐ 배경 • 143
- ☐ '시스템' 스콜라리의 필승 카드 • 143
- ☐ 3-3-1-3 시스템 실패, 위기에서 더욱 빛난 스콜라리의 추진력 • 150

02. 페레이라의 4-2-2-2 시스템(2006 독일 월드컵 세대) • 163
- ☐ 배경 • 163
- ☐ 풀리지 않은 No.10 딜레마 • 164
- ☐ 가마솥 안 개구리 신세가 된 페레이라 호
  • 172

03. 카를로스 둥가의 4-2-2-2 시스템(2010 남아공 월드컵 세대)
- 177
- ☐ 배경 • 177
- ☐ 플랜B(압박형 4-2-2-2) • 177
- ☐ 플랜A(수비형 4-2-2-2) • 190
- ☐ No.10 딜레마 속에 수렁에 빠진 16년만의 드림팀
  • 197

04. 펠리페 스콜라리의 4-2-2-2 시스템 (2014 브라질 월드컵 세대), 그리고 그 후 • 202

부록 간략히 훑어보는 월드컵 전술 변천사

1) 2-3-5와 3-2-2-3 - 30 우루과이 월드컵 ~ 54 스위스 월드컵 • 213
2) 4-2-4 - 58 스웨덴 월드컵 • 213
3) 4-3-3 - 62 칠레 월드컵 • 214
4) 4-4-2 - 66 잉글랜드 월드컵 • 214
5) 3포워드에서 2포워드로 - 70 멕시코 월드컵 • 214
6) 토털 사커와 공격형 리베로 - 74 서독 월드컵 • 215
7) 과도기 - 78 아르헨티나 월드컵 • 215
8) 4-4-2 리베로 시스템 - 82 스페인 월드컵 • 215
9) 윙백 시스템 - 86 멕시코 월드컵 • 216
10) 압박 3-5-2 - 90 이탈리아 월드컵 • 216
11) 플랫 4-4-2 - 94 미국 월드컵 • 216
12) 4-3-1-2(혹은 4-3-2-1)와 4-2-3-1 - 98 프랑스 월드컵 • 217
13) 플랫 3백 - 2002 한일 월드컵 • 217
14) 수비형 4-2-3-1 - 2006 독일 월드컵 • 217
15) 수비형 4-2-3-1 그리고 티키타카 - 2010 남아공 월드컵 • 218
16) 압박 4-2-3-1 - 2014 브라질 월드컵 • 218
17) 0스트라이커 시대의 개막? • 218

펠레의 시대
4-2-4의 시대

브라질 축구의 역사는 물라토(흑인과 백인의 혼혈), 흑인 스타들의 등장과 함께 열렸다. 1930년대, 바르가스 정부가 국민대통합의 일환으로 축구를 대중화, 프로화(1933~) 시키면서 유색 인종들의 그라운드 진출이 활발해졌다. 그 중 물라토와 흑인들이 창조성, 민첩성, 유연성을 앞세워 그라운드를 장악했다. 대표적인 인물이 레오니다스와 도밍구스 다 기아였다.

두 선수는 38 프랑스 월드컵에서 대표 팀의 4강 신화를 이끌며 월드 스타로 떠올랐다. 바이시클킥, 예측불허의 페인트, 현란한 드리블 등 그들이 선보인 독특한 플레이 스타일은 당시 정형화된 전술에 갇혀있던 국제 축구계에 깊은 인상을 남겼다. 월드컵 후 자국 빈민가의 흑색 인종(흑인 및 흑인 혼혈 계열인 물라토)들이 점차 '제 2의 레오니다스' '제 2의 도밍구스 다 기아'를 꿈꾸기 시작하면서, 자연스레 위의 스타일은 브라질 축구만의 특수한 가치로 자리 잡았다.

이처럼 물라토와 흑인들을 통해 전통성을 세운 브라질 대표 팀은 점차 고유의 특성들을 조화시키기 위한 전술 연구에 몰두했다. 주요과제는 WM 시스템의 해체와 전술 패러다임의 전환이었다. 이 과정에서 천재 공격수 펠레의 존재가치가 중요하게 떠올랐다. 펠레의 시대는 이렇게 개막했다.

1 플라비우 코스타의 대각선식 WM 시스템 (50 브라질 월드컵 세대)

1930년대 후반. 대표 팀은 물라토(혹은 흑인) 특유의 창의성을 앞세워 국제무대에서 두각을 나타냈다. 하지만 세계 정상 수준과는 거리가 있었다. 자국 프로리그에서 보편화 되어 있던 WM 시스템의 특성과 선수들의 플레이 성향 차가 원인이었다. WM 시스템은 피라미드 시스템(2-3-5 시스템)의 센터 하프를 스토퍼로 대체한 전형이다. 수비를 강화할 수는 있지만, 중원의 연결 고리는 그만큼 약해진다. 따라서 전방으로 넘어가는 롱 패스의 정확도와 윙, 인사이드 포워드진의 폭넓은 움직임이 시스템 형성에 있어 중요한 의미를 가진다. 브라질 선수들의 성향(창의성, 민첩성에 바탕을 둔 섬세한 공격 성향)과는 부합하지 않는 요소들이다(그림 1).

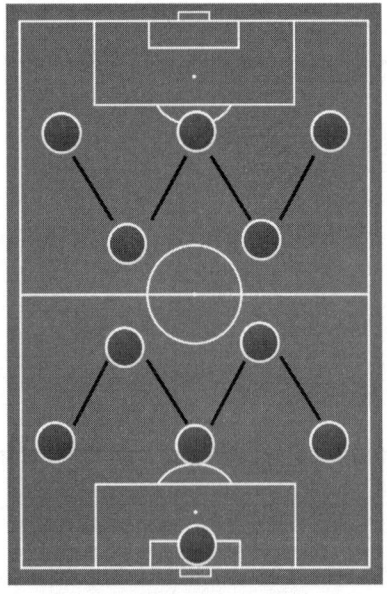

▲ (그림 1) WM 시스템

WM은 하프진에서 공격진으로 나아가는 속도와 롱 패스 정확도가 무엇보다 강조되는 시스템이다. 1925년, 잉글랜드의 명문 아스날의 감독이었던 하버트 채프먼으로부터 고안된 이 전형은 힘과 체력이 좋은 잉글랜드 선수들의 특성에 맞게 설계되어 있었다.

브라질 선수들은 개인 기술을 바탕으로 한 연계 플레이에 강점이 있다. WM 시스템에서 이를 살리려면 센터 포워드진에 대한 인사이드 포워드진의 접근을 강화하여 주요 공격 루트를 중앙으로 밀집시켜야 한다. 그러나 인사이드 포워드진의 문전 진입이 많아질수록, 2선과 윙 사이를 잇는 연결 루트가 제한될 여지가 커진다. 공격의 너비를 확보하고 중원을 장악하는 데 있어 좋지 못한 현상이다. 여기서 문제는 하프진과 수비진의 전방 지원이 어려운 WM의 특성을 고려해 볼 때 (스토퍼의 배후 공간이 넓은 WM 구조의 특성상, 하프진과 수비진은 후방 구역의 안정성 확보를 최우선으로 여기며 플레이해야 한다), 해결책을 마련하는 것도 쉽지 않다는 것이다(그림 2). WM 이외에 마땅한 대안이 없었던 당시 브라질은 이 문제를 풀지 못해 딜레마에 빠지게 된다.

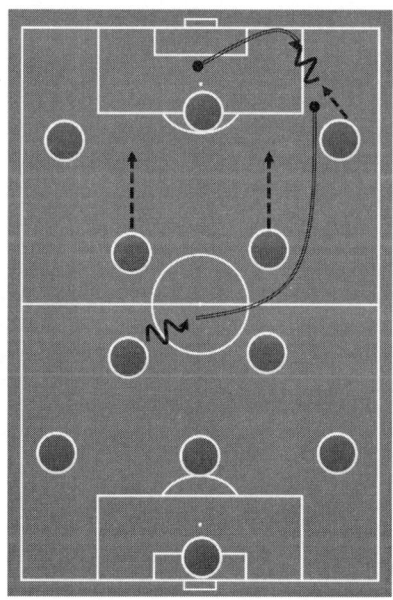

▲ (그림 2) WM 시스템의 공격 메커니즘

> 상대의 공격을 저지했을 때, 센터 하프가 윙을 겨냥한 패스를 빠르고 정확히 전개하는 것이 중요하다(이 과정에서 인사이드 포워드는 두 포지션 사이를 잇는 연결고리 역할을 담당한다). 그 후에는 윙이 센터 포워드에게 크로스 패스를 하여 슛 기회를 만든다. 인사이드 포워드는 세컨드 볼을 차지하기 위해 2선에서 대기한다.

38 프랑스 월드컵이 끝난 후 대표 팀은 시스템을 수정했다. 주요점은 WM 시스템의 미드필드 배치 형태를 대각선식으로 바꾸는 것이었다. 한쪽 라인의 인사이드 포워드와 센터 하프를 후진 배치하면서, 다른 쪽 라인의 공격성을 배가하기 위한 조치였다(그림 3). 이 사항은 1944년 5월에 출범한 플라비우 코스타 체제에서 구체화되어 갔다.

대각선식 WM 시스템의 목표는 상대 수비의 구조(M자 방어 대열)를 팀에게 유리한 방향으로 변형시키는 것이다. 전방에 배치된 인사이드 포워드가 날카로운 움직임으로 상대 수비진(센터 하프와 스토퍼)의 위치 선정에 혼란을 주는 것이 핵심이다(그림 4). 브라질이 자랑하는 창의적인 인사이드 포워드의 개인 능력을 십분 활용하기 위한 전략이었다.

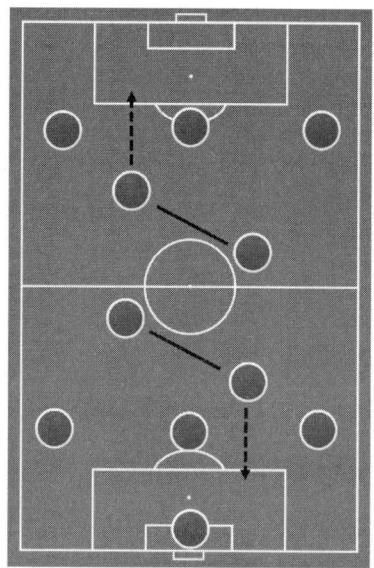

▲ (그림 3) 대각선식 WM 시스템 도면

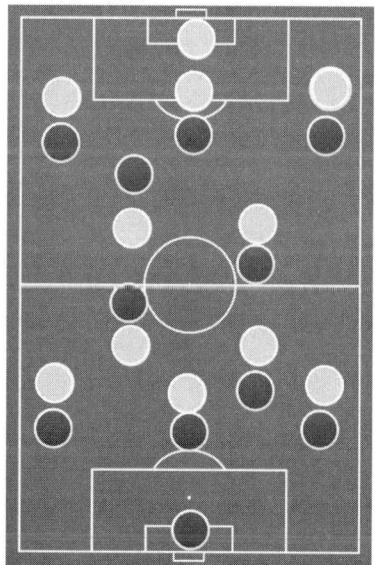

▲ (그림 4) 클래식 WM과의 대치 구도

> 1) 빌드 업 구도의 특성 : 인사이드 포워드 1명이 상대의 풀백-스토퍼-센터 하프 사이의 중간 지점에 위치해 있다. 상대 하프진은 이 선수를 마크하기 위해 수비 범위를 3선까지 확대해야 한다. 이 때 발생하는 미드필드진의 공간을 처진 인사이드 포워드와 센터 하프진이 사수할 수 있는가 여부가 빌드 업의 성패를 좌우하게 된다.
> 2) 침투 구도의 특성 : 1선에서는 중앙 공격수 2명(센터 포워드, 인사이드 포워드 각 1명)이 상대 스토퍼 1명과 대치하고 있다. 슛 기회를 조성하는데 매우 유리한 조건이다. 따라서 빌드 업이 원활하게 진행이 될 경우, 적진 장악은 그만큼 수월해지게 된다.

그러나 대각선식 WM은 한 가지 약점을 가지고 있었다. 인사이드 포워드 1명, 센터 하프 1명이 각각 전방과 후방으로 이동함에 따라, 미드필드진의 장악력이 약화된다는 게 그것이다. 물론 미드필드에 남는 인사이드 포워드와 센터 하프가 전문 미드필더(강인한 체력으로 공수 운영에 모두 관여하는 현대의 중앙 미드필더)로서의 면모를 갖춘다면 이야기는 달라질 수 있다. 하지만 각자 공격수 성향과 수비수 성향이 짙은 이들에게 위의 것을 요구하기는 어려웠다. 40년대~50년대는 더구나 전문 미드필더를 찾아보는 것 자체가 힘든 시대이기도 했다-50년대 후반에 4-2-4가 등장하기 전까지 일반적으로 미드필더는 공격진의 조력자-인사이드 포워드- 및 수비진의 조력자-센터 하프-로 인식되었다-. 대각선식 WM이 자국 내에서 실효성을 인정받으면서도, 월드컵과 같은 큰 무대에서 대표 팀의 플랜A로 제 기능을 하지 못한 데에는 이러한 이유가 많이 작용했다(그림 5).

▲ (그림 5) 50 브라질 월드컵 당시 브라질 포메이션

> ①- 바르보사 ②- 아우구스토(C) ③- 주베날 ④- 바우어 ⑤- 다닐루 ⑥- 비고데 ⑦- 프리아차 ⑧- 지지뉴 ⑨- 아데미르 ⑩- 자이르 ⑪- 치코
> 자국에서 열린 코파아메리카 49에서 플라비우 코스타 호는 대각선식 WM 시스템으로 우승을 차지했다. 최종 성적은 8전 7승 1패 46득점 7실점이었다. 그러나 이듬해 벌어진 월드컵에서는 단 한 경기에서만 이 전형을 사용했다.

대각선식 WM의 성패는 공격진의 집중력에 달려있다. 상대 진영에서 볼 소유권을 잃지 않고 실수 없이 경기를 풀어나갈 경우 경기의 주도권을 잡게 되지만, 조금이라도 그렇지 못하면 미드필드진의 결점이 부각되면서 수세에 처해질 가능성이 높다. 결국 코스타 감독은 대각선식 WM을 팀의 메인 시스템으로 설정하되, 안정적인 클래식 WM도 대체 옵션으로 고려해야만 했다.

50 브라질 월드컵 첫 경기인 멕시코전에서 코스타호는 대각선식 WM으로 4 - 0 승리를 거두었다. 그러나 스위스와의 두 번째 경기에서는 전혀 다른 팀처럼 무기력했다. 스위스의 볼트 시스템(1-3-3-3에 바탕을 둔 스위퍼 시스템)에 막혀 1선과 미드필드 1선의 연계가 무뎌진 탓이다. 상대 스위퍼의 견제에 인사이드 포워드의 1선 진입이 어려워진 게 원인이었다-경기 결과는 2 - 2 무승부였다-. 물론 주전 공격수들을 빼고 클래식 WM을 가동한 이 경기에서 대각선식 WM의 약점이 직접적으로 드러났다고 볼 수는 없다. 그러나 인사이드 포워드들의 움직임이 상대 스위퍼에게 묶이며 정체되었다는 점은 간과하기 힘든 부분이었다. 전방에 배치된 인사이드 포워드의 활동이 중요한 대각선식 WM의 특성상, 이는 작은 문제가 아니었다(그림 6).

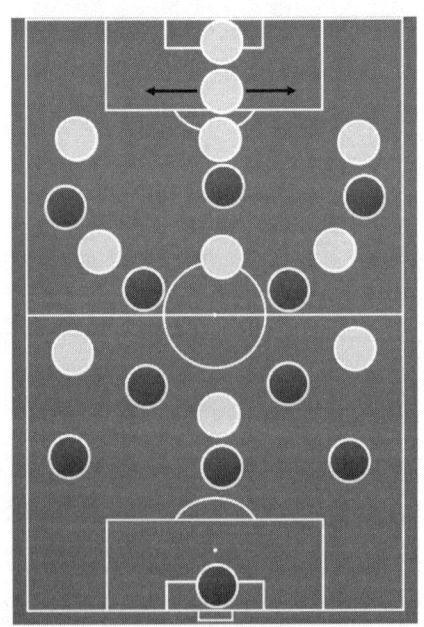

▲ (그림 6) 스위스 볼트와 WM의 대치구도

1) 대각선식 WM의 불안 요소

대각선식 WM의 모든 공격은 1선과 미드필드 1선 사이에 위치하는 인사이드 포워드를 중심으로 이루어진다. 그러므로 이 선수의 활약이 저조할 경우, 공격은 물론, 공격을 위해 위험을 감수하는 미드필드진 역시 균형을 지탱하기 어려워지게 된다.

2) 대각선식 WM 공략 시, 스위퍼의 전술적 활용 가치

스위퍼가 상대 인사이드 포워드의 전방 침투 루트를 봉쇄하게 되면, 팀의 수비진과 센터 하프진이 본연의 역할에 집중하는 것이 가능해진다. 이것은 변칙적인 선수 배치로 적진에 혼란을 유발하는 대각선식 WM 시스템의 운영 기조를 원천 차단하는 열쇠가 된다.

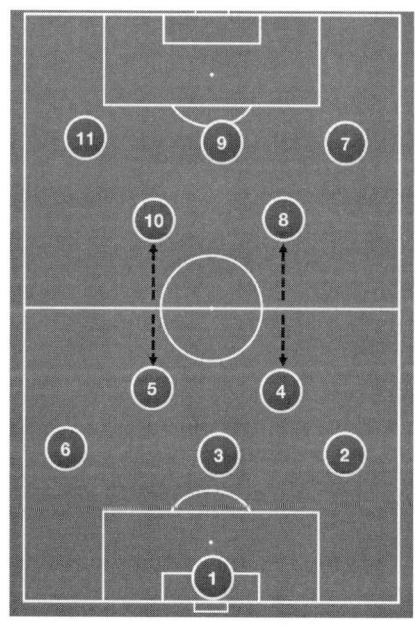

▲ (그림 7) 새 시스템 도면

코스타 감독은 스위스와의 경기 후 대각선식 WM의 약점을 의식하기 시

작했다. 그 후 한 번도 이 시스템을 사용하지 않았다. 그는 1차 예선 마지막 경기인 유고전부터 대각선식 WM을 개량한 변형 WM을 내세웠다(그림 7). 새 시스템은 센터 하프 2명을 3선의 인접 구역에 배치하며 완성한 것이었다. 센터 하프 진의 수비 활동을 강화하면서 2선으로 처져있던 인사이드 포워드의 전진을 유도하는 것이 목표였다. 최전방의 전력을 더욱 보강하여 상대의 밀집 수비에 적극 대응하고자 한 것이다.

그러나 미드필드 1선과 미드필드 2선 사이가 벌어지면서 중원 싸움은 이전보다 더 어려워졌다. 이것은 결과적으로 인사이드 포워드진의 움직임에도 나쁜 영향을 끼쳤다. 홈 관중들의 응원전에 주눅이 든 유고, 스웨덴, 스페인을 맞아서는 문제없이 넘어갔지만-브라질은 조별예선 3차전에서 유고를 2-0으로 이기고 결선 리그에 진출한 후 스웨덴, 스페인을 각각 7-1, 6-1로 꺾으며 순항했다-, 신중하게 응용 전술을 펼쳐 보인 우루과이를 상대로는 위의 불안 요소가 부각되고 만다.

우루과이의 후안 로페즈 감독은 브라질과의 결선리그 마지막 경기에서 메인 시스템인 일 메토도를 수비적으로 변형해 맞섰다. 우선 센터 백 2명 중 곤잘레스를 스위퍼로 처지게 했다. 그리고 윙 하프인 감베타와 안드라데를 수비진으로 이동시켜 측면 수비를 강화했다. 2선의 측면에 생겨난 공백은 인사이드 포워드 미구에즈와 페레즈를 센터 하프 바렐라와 동일 선상에 두면서 메웠다(그림 8). 1-3-3-3 시스템. 사실상 스위스 볼트를 응용한 전형이었다.

Soccer Tactics

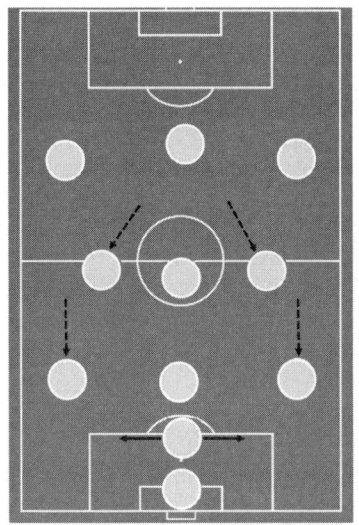

▲ (그림 8) 결승전 대비 우루과이의 전형 변화 - 일 메토도 → 볼트 시스템

> 참고로 일 메토도는 피라미드 대형(2-3-5)의 변형 시스템이다. 2-3-5 시스템에서 인사이드 포워드 2명을 미드필드 1선에, 센터 하프를 하프-수비진의 중간 지점에 배치한 전형이다. 운영의 목적은 빌드 업과 수비 운영에 역동성을 더하는 것이었다. 34 이탈리아 월드컵, 38 프랑스 월드컵에서 이탈리아 대표 팀의 우승을 이끌었던 비토리아 포조에 의해 탄생했다. 2-3-5와 WM의 요소를 적절히 섞은 퓨전 시스템으로 당시 WM과 함께 축구계 전술을 양분했다.

경기 초반, 브라질의 공격은 우루과이의 변형 전술에 개의치 않고 위력을 뿜냈다. 인사이드 포워드진을 전진 배치한 전술 변화의 효과였다. 그러나 상대 스위퍼의 견제에 공격이 중도에 차단되는 횟수도 그만큼 많았다. 그때마다 중원의 넓은 공간이 역습을 단행하는 우루과이 소유로 넘어갔다. 비슷한 상황이 반복되자, 위기감을 느낀 인사이드 포워드진의 침투 활동이 경직되어 갔다. 이에 자신감을 얻은 우루과이가 전반 중반부터 조금씩 대형을 전진시키며 2선의 주도권을 가져가기 시작했다. 결국 전반전은 0 - 0

으로 마무리되었다. 브라질이 압도할 것이라는 전망을 뒤엎는 결과였다.

브라질은 후반 2분, 오른쪽 공격수 프리아차의 골로 마침내 포문을 열었다(그림 9). 그러나 상대의 전술을 극복하지 못하는 이상, 선제 득점은 크게 의미가 없었다. 전반전부터 차분하게 미드필드를 사수해온 우루과이는 언제든지 반격에 나설 준비가 되어 있었다(그림 10). 따라서 브라질 공격진의 체력이 떨어지는 시점이 오면, 경기의 향방은 우루과이가 주도하는 쪽으로 기울어질 공산이 높았다.

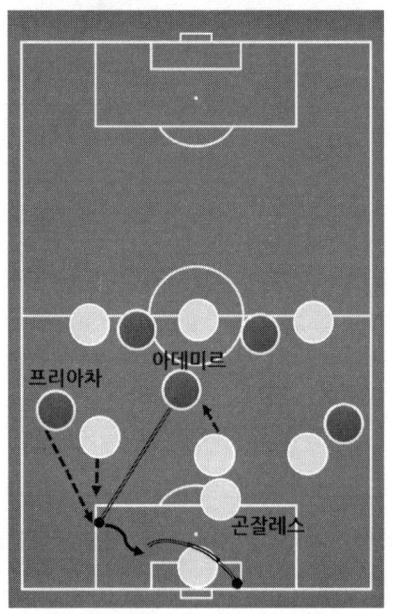

▲ (그림 9) 프리아차의 선제골 상황 분석

센터 포워드 아데미르가 상대 스토퍼-스위퍼의 움직임을 페널티 아크 부근에 묶어둔 것이 주효한 장면이다. 이 때, 순간적으로 열린 우측면의 공간을 오른쪽 윙 포워드 프리아차가 잽싸게 파고들며 득점 기회를 잡았다.

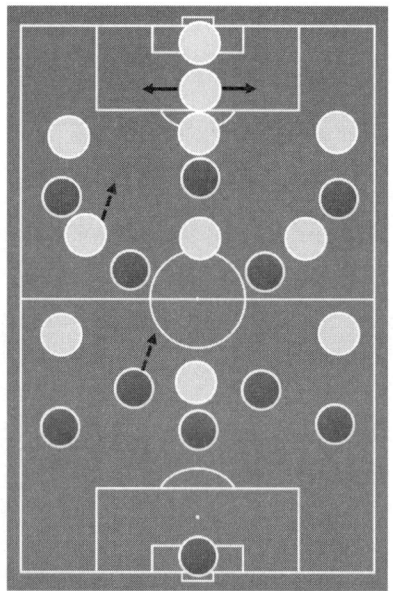

▲ (그림 10) 브라질 vs 우루과이 전술 대치 구도

> 그림 10에서 살펴보는 바와 같이, 브라질의 센터 하프 2명이 너무 뒤로 처져 있다. 그리고 우루과이 스위퍼의 견제로 브라질의 공격진이 평소의 경기력을 유지하기 힘든 입장에 처해 있다. 따라서 우루과이의 하프진이 자기 역할에 집중하는 것이 가능했다. 우루과이가 언제든 2선의 넓은 공간을 장악하며 공세를 펼칠 수 있는 구도였다.

실제로 선수들의 체력 저하가 시작된 후반 20분경부터 브라질은 우루과이에게 여러 차례 슛 기회를 허용했다. 특히 왼쪽 센터 하프 다닐루가 미드필드 지역을 커버하려고 전진할 때, 그 순간 넓게 형성되는 좌측면 수비 공간에서 위급 상황이 자주 발생했다-미드필드진의 위험 공간이 노출되었을 시, 이를 커버하는 역할을 담당한 선수가 다닐루였다. 참고로 다닐루는 대각선식 WM에서 높은 라인에 위치했던 센터 하프였다-. 우루과이의 오른쪽 윙 포워드 긱히아가 이 공간을 점유하며 돌파를 시도할 때, 왼쪽 수비수 비고데는 매번 주변의 공간과 긱히아의 움직임을 동시에 견제하다가 혼란에 빠졌다.

결국 이 지역을 기점으로 브라질의 수비 조직이 와해되었다. 후반 21분 과 34분, 긱히아의 침투에 좌측 수비진이 연이어 무너지면서 승부가 갈렸 다(그림 11) (그림 12). 경기는 우루과이의 2 - 1 승리로 끝났다. WM이 얼마만 큼 브라질에 맞지 않는 대형인지 여실히 증명된 순간이었다.

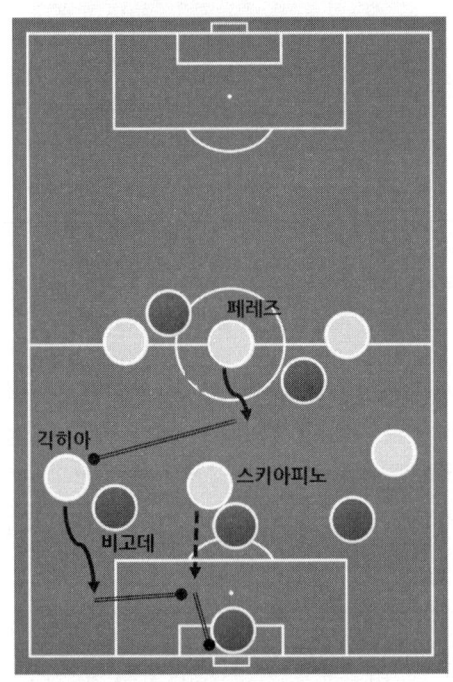

▲ (그림 11) 스키아피노의 동점골 상황 분석

비고데가 긱히아와의 1대 1에서 밀리면서 결정적인 기회를 내줬다. 긱히아의 크로스 패스 상황에서 니어포스트 방향으로 침투한 스키아피노를 스토퍼가 놓친 것도 문제였다.

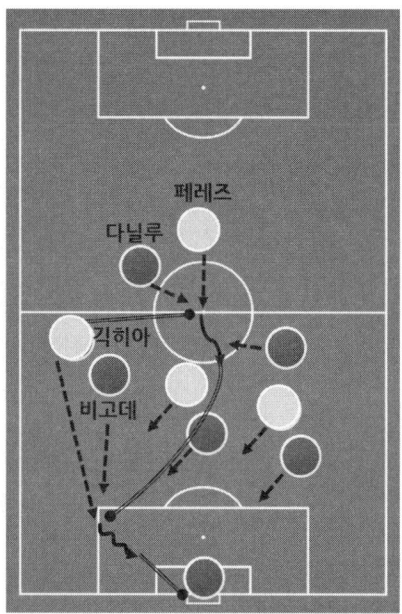

▲ (그림 12) 긱히아의 역전골 상황 분석

센터 하프 다닐루가 상대 미드필더 페레즈를 막기 위해 하프라인 근방으로 올라가면서 좌측면에 넓은 공간이 발생했다. 이 때, 왼쪽 수비수 비고데가 팀의 좌측면 구역을 장악한 긱히아에게 다급히 접근하다가 배후 공간을 내주고 말았다.

볼트 시스템에 혼쭐이 난 브라질은 시급히 대책 마련에 착수했다. 코스티의 시스템을 실패한 것으로 규정하면서 새 시스템 도입을 위한 분석에 들어갔다. 분석의 대상은 우루과이와의 마지막 경기에서 허용한 2실점이었다. 왼쪽 센터 하프 다닐루와 왼쪽 수비수 비고데 사이의 거리가 벌어진 근본적인 원인과 대각선식 WM, 변형 WM 시스템의 구도에 대한 진단이 화두였다.

축구 협회가 내린 결론은 클래식 WM의 재가동이었다. 원점으로 돌아가 전력을 추스르겠다는 의도였다. 단기 토너먼트 전의 성패는 약점을 최소화하는데 달려있다는 점에서 납득하기 힘든 선택은 아니었다. 그러나 좋은 선택이라 볼 수도 없었다. 클래식 WM은 자국에서 꾸준히 한계를 보여 온 전형이기 때문이다. 더욱이 이것은 당시 국제무대에서 하락세를 타던 전형이기도 했다. 즉 브라질의 이와 같은 선택은 한계가 명확한 구시대의 유물로 새롭게 대두되는 패러다임에 정면으로 맞서려는 것이나 다름없었다.

대표 팀은 실리적인 전술과 지역방어 구사에 일가견이 있는 제제 모레이라를 앞세워, WM 시스템으로 꽤 균형 잡힌 조직력을 구축했다(그림 13). 하지만 54 스위스 월드컵 8강전에서 우승후보 헝가리를 맞아 난관에 부딪혔다. 헝가리는 당시 WM 시스템을 변형한 MM 시스템으로 축구계에서 파란을 일으키고 있던 팀이다. 헝가리의 시스템은 W자 공격 대형에서 '가짜 9번' 1명을 센터 포워드 진영에, '진짜 9번' 2명을 인사이드 포워드 진영에 위치시키는 것이 특징이다. 공격 시, 2선으로 이동하는 센터 포워드를 통해 중원을 두껍게 만들면서 공격 자원들의 문전 침투 패턴을 다양화하는 게 운영의 포인트였다(그림 14). 브라질의 M자 수비진은 이 메커니즘에 그대로 당했다. 헝가리의 '가짜 9번' 히데구티가 2선으로 이동할 때, 센터 하프 2명이 상대의 공격 자원 세 명과 맞서야하는 처지에 자주 놓였다. 이 때 스토퍼 피네이루가 자신의 역할을 찾지 못해 우왕좌왕했다. 히데구티를 쫓아가기 위해 전진 수비를 하면 배후 공간이 위험해졌고, 자신의 위치를 지키면 팀의 미드필드진이 균형을 잃었기 때문이다. 어떤 것도 제대로 할 수 없었던 것이다. 결국 브라질은 중원과 최후방에서 헝가리의 유연한 팀플레이에 압도당했다(그림 15).

클래식 WM은 수비를 강화하려고 꺼내든 카드였으므로, 수비진의 붕괴는 곧 팀 밸런스의 붕괴를 의미했다. 브라질은 헝가리에게 끝내 2 - 4로 패하며 8강에서 탈락했다. 50 브라질 월드컵에서의 실패에 대한 뚜렷한 해결책 없이, 기존 시스템의 불안 요소를 그대로 떠안은 안일한 대처가 빚어낸 결과였다.

▲ (그림 13) 54 스위스 월드컵 당시 브라질 포메이션

①- 카스티요 ②- D.산토스 ③- N.산토스 ④- 브란당지뉴 ⑤- 피네이루 ⑥- 바우어
(C) ⑦- 줄리뉴 ⑧- 지지 ⑨- 바우타자르 ⑰- 마우리뉴 ⑱- 훔베르투

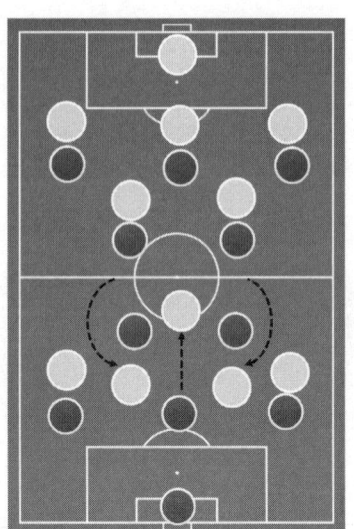

▲ (그림 14) 브라질 vs 헝가리 전술 대치 구도

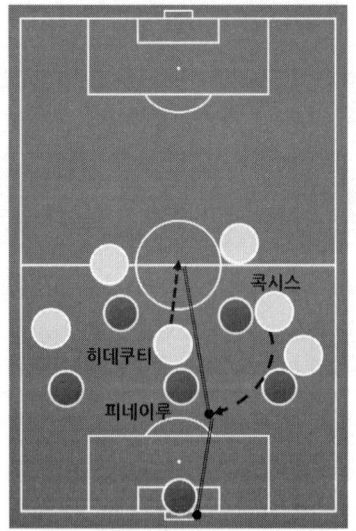

▲ (그림 15) 헝가리전 두 번째 실점 상황 분석

헝가리의 가짜 9번 히데구티가 자기 자리를 벗어나 미드필드 근방에서 볼을 소유했을 때, 브라질의 중앙 수비수 피네이루의 역할이 어정쩡해진 상황이다. 그가 2선으로 이동하는 히데구티의 움직임에 시선을 빼앗기는 사이, 헝가리의 인사이드 포워드 콕시스가 기습 침투하여 골 에어리어 부근의 공간을 차지했다. 이를 간파한 히데구티의 패스가 콕시스의 머리로 정확히 도달되자 브라질은 손도 쓰지 못하고 골을 허용했다.

요점정리

1) 클래식 WM 시스템과 선수들의 플레이 성향 차가 팀의 시스템 구성을 방해한 요인으로 작용함.
2) 클래식 WM을 개량한 대각선식 WM과 변형 WM(5-5 대형)을 앞세워 50 브라질 월드컵에 나섰지만, 미드필드진의 약점에 발목이 잡힘.
3) 50 브라질 월드컵 이후 클래식 WM으로 선회함.
4) 54 스위스 월드컵 8강전에서 당시 변형 WM, 즉 MM 시스템으로 파란을 일으키고 있던 헝가리에게 2 – 4로 완패함. WM 시스템의 한계 절감.

2 4-2-4와 4-3-3 시스템 (58 스웨덴 월드컵~70 멕시코 월드컵 세대)

WM 시스템은 브라질과 맞지 않는 전형이었다. 54 스위스 월드컵을 기점으로 명확해졌다. 하지만 브라질 대표 팀은 WM의 틀에서 벗어나지 못했다. 마땅한 대안이 없었던 탓이다. 결국 대혼란이 찾아왔다. 월드컵 이후 약 3년간 감독이 무려 일곱 번이나 교체되었다. 그 정도로 팀 분위기가 어수선했다-50 브라질 월드컵 당시 팀의 수장이었던 플라비우 코스타가 두 차례나 복귀와 경질을 반복했다. 그 외 비센테 페올라, 오스바우두 브란당, 페드리뉴, 테체, 피릴루가 혼란 정국을 틈타 대표 팀을 짧게 거쳐 갔다-. 협회는 사태를 수습하고자 58 스웨덴 월드컵을 약 1년여 앞둔 시점에 이르러 배수의 진을 쳤다.

☐ 비센테 페올라의 4-2-4 시스템(58 스웨덴 월드컵 세대)

1950년대 중반으로 접어들어 자국리그에서는 4-2-4 시스템이 보편화되기 시작했다. 4-2-4는 대각선식 WM에서 전방-후방에 위치했던 인사이드 포워드와 센터 하프의 위치 및 역할을 각각 포워드-디펜더로 구체화하고, 중원에 남은 두 자리를 전문 미드필더로 채우면서 완성한 전형이었다(그림 16). 전문 미드필더의 가세로 공격-미드필드-수비가 이루는 3선 대형이 체계를 갖추었다는 것과 공격, 수비 지역에서의 수 싸움에 유리하다는 것이 이 대형의 강점이었다(그림 17). 하지만 미드필드진이 언제나 수적 열세에 놓이게 된다는 것은 약점이었다. 4-2-4의 미드필드진은 2-3-5와 대치할 때 2대 3(혹은 2대 5), WM과 대치할 때 2대 4로 열세에 놓이게 된다. 이는 브라질이 메이저 국가대항전에서 4-2-4 가동을 꺼려했던 이유였다.

그러나 WM 시스템이 오래도록 팀의 하향세를 부추기고 있는 상황에서 언제까지고 4-2-4에 대한 의구심만 품고 있을 수는 없었다. 협회는 58 스웨덴 월드컵을 반년 정도 남겨두고 갈등에 빠졌다. 현행 유지냐, 아니면 모험이냐. 당연하게도 그들은 후자를 택했으며, 4-2-4를 히든카드로 내세웠다.

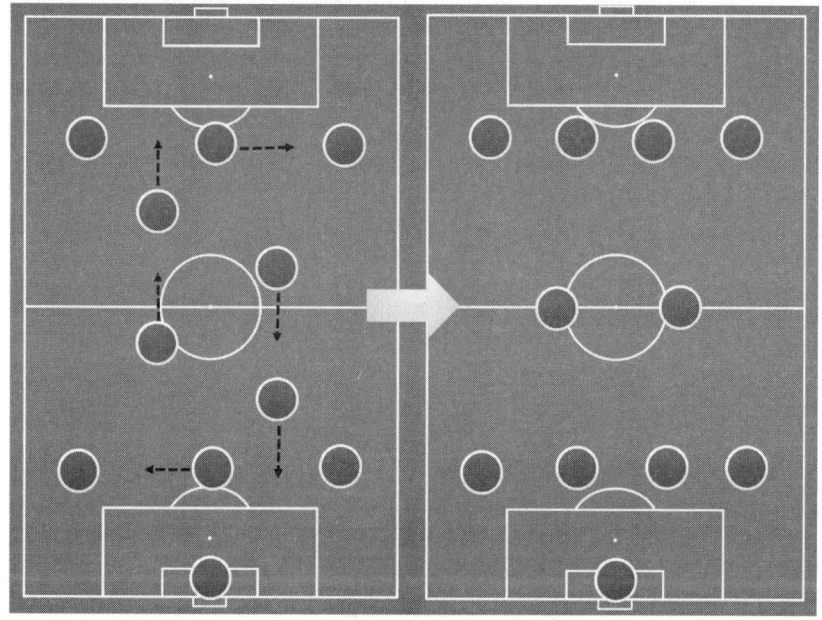

▲ (그림 16) 대각선식 WM → 4-2-4 **시스템**

> 4-2-4 시스템은 대각선식 WM의 애매모호한 위치 분배를 체계화시킨 결과물이었다. 또한 4백 지역방어 진영과 전문 미드필더 진영을 갖춘 최초의 전형이자, 2-3-5와 WM의 틀을 깬 새로운 포맷이기도 했다(4-2-4 이전에 시대를 앞서간 전형이라 여겨졌던 일 메토도, 볼트, 대각선 WM, MM 등은 모두 2-3-5와 WM의 틀에 기반을 두어 구성된 전형이었다.).

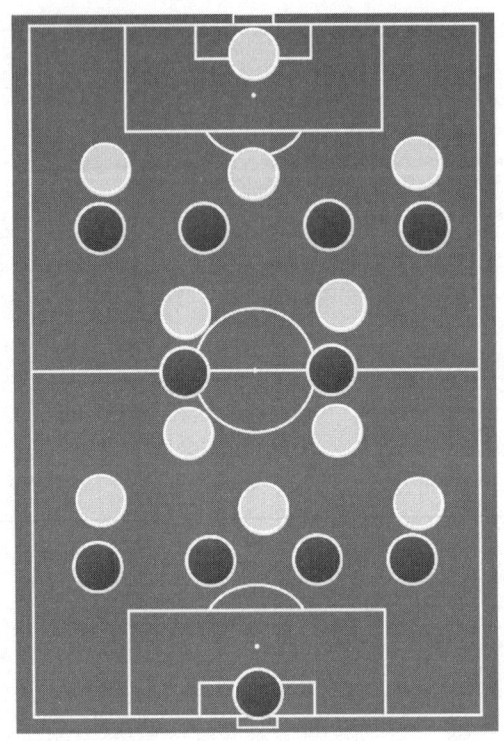

▲ (그림 17) 4-2-4와 WM의 대치구도

미드필드진은 공격 시 4포워드를 보조하고, 수비 시 4백을 보호한다. 미드필드진이 중원에서 장악력을 잃지 않고 공-수를 원활하게 지원할 경우, WM 혹은 2-3-5를 차용한 팀을 맞아 전방과 후방에서 수적 우위를 점할 수 있게 된다(공격 시 6대 5, 수비 시 6대 5). 단 그렇지 못할 경우에는 반대의 상황에 놓이게 된다(공격 시 4대 5, 수비 시 4대 5). 따라서 수준 높은 전문 미드필더의 존재는 4-2-4의 완성을 위해 필수적인 요소였다.

미드필드진은 보통 패스를 잘하는 1명과 활동 반경이 넓고 체력이 우수한 1명이 조화를 이루었다. 당시 대표 팀에서는 지지가 플레이메이커, 지투가 박스 투 박스 미드필더로서의 면모를 선보였다. 그리고 성실한 왼쪽 공격수 마리우 자갈루가 종종 뒤로 이동하여 2선의 공-수 운영을 지원해 주었다.

월드컵 대표 팀을 이끌 수장은 상파울루FC의 명감독 비센테 페올라였다. 4-2-4 운영에 정통하고 풍부한 경험을 가진 그는 당시 브라질이 꺼내들 수 있는 최선의 카드였다-비센테 페올라는 제제 모레이라의 뒤를 이어 55년도에 대표 팀의 감독이 되었지만 1년도 채우지 못하고 경질 당한 바 있다. 그 후 4-2-4의 거장으로 우뚝 선 그는 약 2년 반 만에 대표 팀에 복귀했다-. 페올라는 즉시 4-2-4 시스템을 대표 팀에 도입했다. 그리고 축구협회의 지원 아래 의사, 트레이너, 회계사, 심리학자, 정보수집원 등 다양한 분야의 전문가들을 팀의 스태프로 섭외했다. 경기력에 영향을 끼칠만한 여러 사항들을 꼼꼼하게 체크하기 위해서였다. 유래 없는 치밀한 선수단 구성이었다. 하지만 페올라는 정작 본선이 다가오자 4-2-4 시스템의 실효성을 의심했다. 주전 공격수들의 부상 여파도 한몫했으나, 그보다는 미드필드의 구조가 문제였다. 왼쪽 공격수 자갈루의 2선 지원만으로는 2-3-5(2-3-2-3), WM(3-2-2-3) 시스템의 중원과 정상적인 숫자 싸움을 펼치기 어려웠다. 이 점이 그를 혼란에 빠뜨렸다. 결국 페올라는 공격적인 가린샤를 빼고, 수비 가담력이 우수한 조엘을 오른쪽 공격수로 기용하여 예선 1,2차전을 치렀다. 4-4-2에 가까운 대형을 구축한 것이다(그림 18) (그림 19).

②- 벨리니(C) ③- 지우마르 ⑤- D.사니 ⑥- 지지 ⑦- M..자갈루 ⑫- N.산토스 ⑭- D.소르디 ⑮- 올란도 ⑰- 조엘 ⑱- J.알타피니 ㉑- 지다

▲ (그림 18) 예선리그 오스트리아전 당시 브라질 포메이션

②- 벨리니(C) ③- 지우마르 ⑤- D.사니 ⑥- 지지 ⑦- M..자갈루 ⑫- N.산토스 ⑭- D.소르디 ⑮- 올란도 ⑰- 조엘 ⑱- J.알타피니 ⑳- 바바

▲ (그림 19) 예선리그 잉글랜드 전 당시 브라질 포메이션

오스트리아 전에서는 위의 시스템이 통했다. 플레이메이커 지지가 높은

수준의 중원 장악력을 보여준 게 주효했다. 이로써 측면 미드필더들의 전방 진입이 유연하게 이끌어질 수 있었다. 그들은 수비 시 4-4-2, 공격 시 4-2-4로 무리 없이 전환해가며 득점 기회를 엮어냈다. 결과는 3 - 0 승리였다. 반면 잉글랜드 전에서는 효력이 반감되었다. 지지를 의식한 잉글랜드의 전략적인 압박 수비에 미드필드의 균형이 흐트러진 게 원인이었다. 클래식 WM을 사용한 잉글랜드는 스토퍼 빌리 라이트와 풀백 돈 호를 하프진으로, 센터 하프 에디 클램프를 풀백으로 두며 중원의 저지선을 강화했다. 지지가 이에 막혀 고전하자 수비(4-4-2)에서 공격(4-2-4)으로 전환해가는 패턴이 경직되고 말았다. 이로 인해 최전방에서 매번 수적 열세가 나타났다. 센터 포워드진은 이날 경기에서 준수한 활약을 펼쳤지만, 2선의 지원 없이는 고립 상태를 벗어나기 어려웠다(그림 20). 끝내 무득점 무승부로 경기를 마감했다.

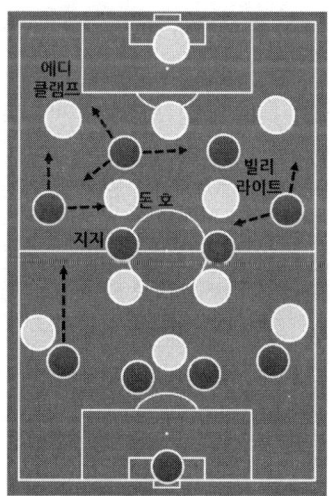

▲ (그림 20) 잉글랜드전 전술 대치 구도

미드필드 2선에서 지지를 마크했던 '스토퍼' 출신인 빌리 라이트와 '풀백' 출신인 돈 호의 활약이 빛났던 경기였다. 지지의 부진으로 패스가 1선까지 원활하게 도달되지 못하면서, 윙 포워드 자갈루와 조엘이 개인 능력으로 전방 진입에 대한 활로를 열어야 했다. 그러나 이들에게는 혼자의 힘으로 상황을 극복해 나갈만한 돌파력이 없었다. 더구나 2선 지원도 소홀히 할 수 없었던 만큼 공격에 힘을 쏟을만한 체력적인 여력도 부족했다. 이러한 까닭에 1선 공격 운영은 인사이드 포워드 바바와 센터 포워드 알타피니가 도맡아야 했다.

공격진의 양쪽 측면을 수비화한 4-2-4 시스템은 매우 정적이었다. 그들의 기술적 능력과 공격적 성향을 고려해볼 때, 이 시스템은 좋은 포맷이 아니었다. 결국 페올라 감독은 소련전에서 가린샤를 본 위치에 복귀시키며 4-2-4 시스템의 공격성을 되살렸다. 그리고 전통파 No.9 알타피니 대신 인사이드 포워드 펠레를 센터 포워드로 기용하면서 공격진에 창조성과 활동성을 더하려 했다(그림 21).

전술 변화는 긍정적이었다. 브라질은 WM을 사용한 소련에 맞서 4-2-4로 효과를 봤다. 공격진의 4인방이 전술 운영의 열쇠였다. 4-2-4가 WM이나 2-3-5 계열의 시스템과 대치할 경우, 공격진에는 수적 우위라는 이점이 부여된다. 펠레, 가린샤의 합세로 전력이 보강된 브라질의 공격진은 이를 이용하여 초반부터 공세를 폈다. 당황한 소련의 센터 하프진은 점차 수비 지역으로 내려가 포진했다(3백의 인접 지점). 그만큼 2선에 많은 공간이 열렸다. 미드필더 지지와 지투는 이 틈을 놓치지 않고 중원을 사수했다. 미드필드진이 수적 열세에 놓이기 쉬운 4-2-4 구조의 결점이 해소된 것이다. 그 후부터는 4-2-4의 강점이 온전하게 발휘되었다. 브라질은 전문 미드필더들의 그라운드 장악력을 바탕으로 공격과 수비 상황에서 항상 수적 우위를 점하며 소련을 압박했다. 결과는 2 – 0 완승이었다. 결국 4-2-4의 지향점인 과감한 공격이 대형의 약점을 만회하는데 있어서도 최선의 방식이었던 셈이다(그림 22).

소련전의 기세는 추후 토너먼트 마지막 경기까지 이어졌다. 4-2-4로 중원을 장악하는 방법을 터득한 만큼, WM과 2-3-5를 사용하는 팀들은 더 이상 그들의 상대가 되지 못했다. 브라질은 가파르게 상승세를 타며 자국 역사상 첫 월드컵 트로피를 들어올렸다(그림 23) (그림 24)-8강전에서 웨일즈를 1 - 0으로 꺾고 4강에 오른 브라질은 프랑스와의 4강전, 스웨덴과의 결승전에서 각각 5 - 2로 승리했다. 17세의 신예 펠레는 토너먼트 세 경기에서 무려 6골을 기록하며 대회 최연소 MVP를 수상하는 영예를 얻었다-.

▲ (그림 21) 예선리그 소련전-결승 스웨덴전 브라질 포메이션

②- 벨리니(C) ③- 지우마르 ⑥- 지지 ⑦- M.자갈루 ⑩- 펠레 ⑪- 가린샤 ⑫- N.산토스 ⑭- D.소르디 ⑮- 올란도 ⑲- 지투 ⑳- 바바

소련전부터 이 포메이션이 브라질의 플랜A로 자리 잡았다. 결승전에서 오른쪽 풀백 데 소르디를 대신하여 자우마 산투스가 선발로 나온 것을 제외하면 매 경기 동일한 베스트 11이 꾸려졌다.

브라질의 4-2-4에서 또 하나 주목해볼 점은 왼쪽 풀백 니우톤 산토스가 종종 적진으로 넘어가 공격에 나섰다는 사실이다. 상대가 대부분 WM 시스템을 사용했기 때문에 최종 수비수 중 1명이 비교적 자유로웠다는 점과 팀의 전술 운영이 공격에 초점을 두고 있었다는 점이 이를 가능케 한 요인이었다. 수비수가 적진에서 공격 진행에 관여하는 움직임은 당시로서는 이색적인 사항이었다.

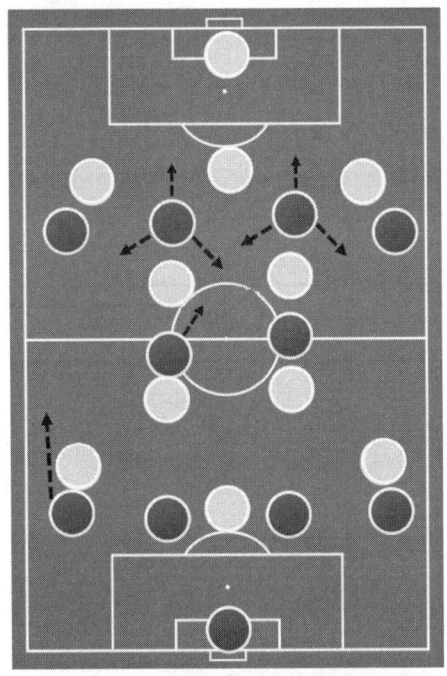

▲ (그림 22) 소련전 전술 대치 구도

Soccer Tactics

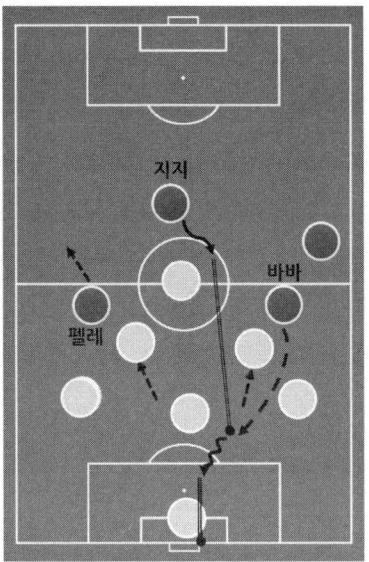

▲ (그림 23) 소련전 선제 득점 상황 분석

지지가 미드필드 중앙에서 볼을 소유했을 때, 센터 포워드 펠레와 인사이드 포워드 바바가 2선으로 이동하여 소련 수비진의 배후 공간을 열었다. 그 후 바바가 재차 문전으로 대시하며 슛 포지션을 선점하고, 지지의 스루패스가 바바의 발 끝에 정확히 도달되면서 득점기회가 났다.

▲ (그림 24) 소련전 두 번째 득점 상황 분석

펠레가 페널티 에어리어 부근에서 개인 드리블로 소련 수비수 3명의 시선을 빼앗은 것이 주효한 장면이다. 그 틈에 골 에어리어 부근에서 자유롭게 된 바바가 펠레의 패스를 받아 가볍게 골을 성공시켰다.

당시 페올라 호가 얻은 수확은 과거에 대각선식 WM에서 의도하고자 했던 여러 전술 사항들을 4-2-4로 선명하게 구현해냈다는 것이다. 전문 미드필더 지지-지투의 중원 장악력을 토대로 매 경기 공격과 수비를 지배했다는 것은, 그 동안 4-2-4를 의심했던 자국의 축구인들을 설득시킨 계기가 되었다.

58 스웨덴 월드컵에서 트로피를 놓친 강자들도 월드컵 후 4-2-4의 효과를 깨달으며 이를 도입하려고 노력했다. 특히 4-2-4 구성의 핵심인 전문 미

드필더 발굴에 많은 힘을 기울였다. 근근이 명맥을 이어가던 WM과 2-3-5는 이 흐름에 밀려 도태되어 갔다. 이로써 근 40여 년간 이어져오던 축구계의 전술 패러다임은 일대 전환기를 맞이하게 되었다.

> **요점정리**
> 1) WM 시스템의 대안으로 4-2-4 시스템이 대두됨.
> 2) 본선을 앞두고 페올라 감독은 미드필드에서 나타나는 4-2-4 시스템의 결점을 의식함.
> 3) 고민 해결을 위해 수비가담력이 있는 선수들을 양쪽 포워드진에 배치시킴. 4-4-2에 가까운 운영 형태를 보임.
> 4) 조별예선 1,2차전에서 답답한 경기 양상이 반복되자, 3차전부터 펠레와 가린샤를 축으로 한 공격적인 4-2-4로 급히 전환함.
> 5) 전력이 보강된 공격진이 상대 하프진을 뒤 선으로 물러나게 만듦. 이 틈에 플레이메이커 지지가 중원에서 지배력을 발휘함. 중원의 약점이 해결되면서 4-2-4의 강점이 온전하게 발휘되기 시작함. 공격과 수비 운영에서 매번 수적 우위 확보.
> 6) 4-2-4를 완성한 브라질은 WM과 2-3-5를 사용한 팀들을 차례로 이겨나감. 사상 첫 월드컵 트로피 획득.

❏ 아이모레 모레이라의 4-3-3 시스템(62 칠레 월드컵 세대)

58 스웨덴 월드컵을 계기로 대부분의 강자들이 4-2-4 시스템을 도입했다. 이로 인해 브라질은 같은 대형을 사용하는 상대와 늘 맞서야 했다. 4-2-4와 4-2-4가 대치할 경우, 2선의 넓은 공간을 누가 점유하느냐에 따라 경기의 향방이 좌우된다. 미드필더들의 그라운드 지배력, 1선과 3선의 원활한 미드필드 지원이 관건이었다. 따라서 구성원 개개인의 기량이 우수하고, 4-2-4에 대한 이해도가 타 팀에 비해 높았던 브라질 대표 팀이 여전히 유리한 입장에서 경기를 펼치는 게 가능했다.

하지만 공격, 미드필드, 수비 중 어느 지점에서도 구조적인 이점을 기대하기 어려워졌다는 것은 생각거리를 남겼다. 그리고 34세의 노장 미드필더 지지의 기동성이 전성기에 비해 떨어진 것도 고려되어야 할 사항이었다.

고민을 거듭하던 아이모레 모레이라 감독은 62 칠레 월드컵을 앞두고 전술 변화를 시도했다. 목표는 중원 장악을 위한 틀을 조성하는 것이었다. 제시된 방법은 매우 단순했다. 왼쪽 공격수 마리우 자갈루를 2선의 왼쪽에 배치하면서 오른쪽 공격수 가린샤의 공격성을 높인 것이 전부였다. 플레이 성향이 다른 양측 공격수를 비대칭형으로 두면서 4-3-3 전형을 갖춘 것이다. 기존의 경기 방식에 큰 변화를 주지 않으면서도 중원을 알차게 보강한 영리한 조치였다(그림 25).

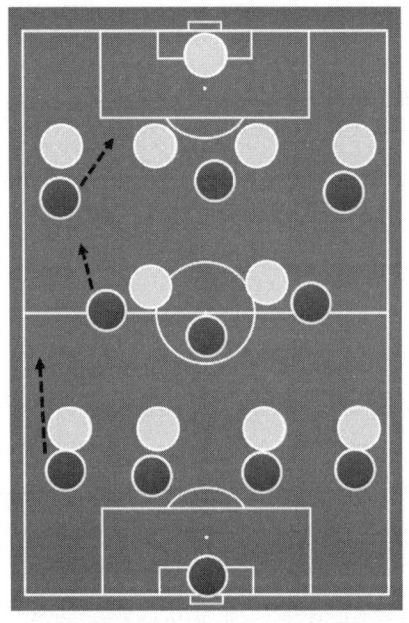

▲ (그림 25) 4-2-4 vs 4-3-3 대치 구도

> 모레이라 호는 수비 시, 수비→공격 전환 시에는 4-3-3으로 상대를 중원에서 압박했다. 이 과정에서 중원을 장악하게 되면, 곧바로 왼쪽 미드필더를 전방으로 올려 공격을 진행했다(공격 시에는 4-2-4로 전환하며 적진 공략).

4-2-4의 성패가 미드필드 장악 여부에 달려있다는 점에서, 4-3-3은 4-2-4 공략에 대한 확실한 해답이었다. 변형 4-2-4, 즉 개량형 4-3-3으로 62 칠레 월드컵에 나선 모레이라 호는 4-2-4를 입은 상대를 매번 중원에서 압도하며 비교적 쉽게 우승을 차지했다(그림 26) (그림 27) (그림 28) (그림 29).

대회 후 축구계 강자들이 지난 대회에 이어 중원 장악의 필요성을 다시 한 번 깨달았다. 그리고 4-3-3 시스템을 도입하기 위해 힘쓰기 시작했다. 전술 패러다임이 2-3-5와 WM에서 4-2-4로 넘어간 지 불과 4년 만에 국제 축구계는 또 한 번의 격동기를 맞이하고 있었다.

▲ (그림 26) 62 칠레 월드컵 당시 브라질 포메이션

①- 지우마르 ②- D.산토스 ③- M.라모스(C) ④- 지투 ⑤- 올란도 ⑥- N.산토스 ⑦- 가린샤 ⑧-지지 ⑲- 바바 ⑳- 아메리우두 ㉑- M.자갈루

체코와의 조별예선 2차전에서 펠레는 상대 수비수들의 과격한 플레이에 왼쪽 허벅지 부상을 당했다. 끝내 그는 귀국길에 올라야 했고 팀은 비상사태에 빠졌다(펠레의 빈자리는 포워드 아메리우두가 대신했다). 하지만 이는 생각보다 큰 문제가 되지 않았다. 외려 2인자 가린샤의 의지를 키운 계기가 되었다. 가린샤는 장기인 측면 돌파는 물론, 페널티 박스 내로 수시로 진입하며 녹록치 않은 득점력을 선보였다. 그의 폭넓은 활동 반경은 센터 포워드진이 내포하고 있던 약점을 대부분 커버했다. 그 덕분에 팀의 공격은 본래의 모습을 유지할 수 있었다. 가린샤의 맹활약에 힘입어 브라질은 남은 경기를 모두 이기며 대회 2연패에 성공했다(스페인전 2 - 1 승, 8강 잉글랜드전 3 - 1 승, 4강 칠레전 4 - 2 승, 결승 체코전 3 - 1 승).

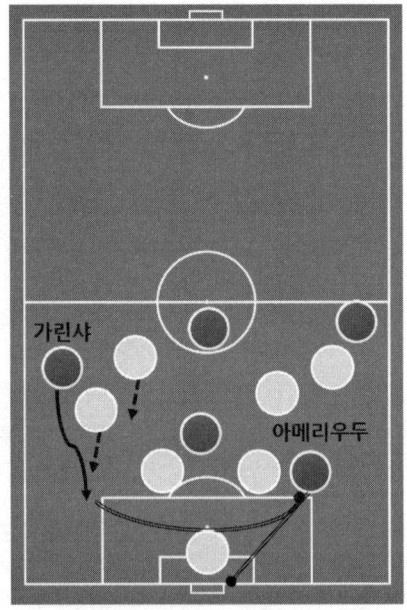

▲ (그림 27) 예선리그 스페인전 아메리우두의 득점 상황 분석

가린샤가 우측 돌파에 성공하자 스페인 중앙 수비진이 그에게 시선을 빼앗겼다. 이를 틈 타 파포스트 구역에 자리하고 있던 아메리우두가 노마크 상황에서 손쉽게 득점 기회를 얻었다.

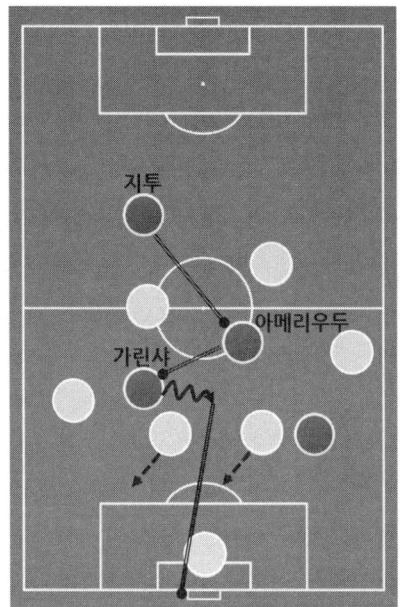

▲ (그림 28) 8강 잉글랜드전 가린샤의 득점 상황 분석

아메리우두가 지투의 패스를 받았을 때, 가린샤가 페널티 아크 부근으로 이동하여 볼을 받을 채비를 했다. 잉글랜드의 수비진은 골 에어리어 부근으로 내려가서 그의 드리블 돌파에 대비했다. 그 순간 페널티 아크 부근에 공간이 생성되었다. 이 공간에서 볼을 잡은 가린샤는 허를 찌르는 롱 슛으로 잉글랜드의 골 망을 흔들었다.

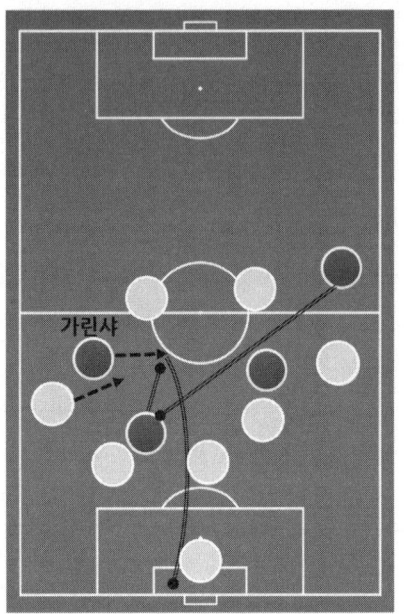

▲ (그림 29) 4강 칠레전 가린샤의 득점 상황 분석

측면 돌파에 이은 크로스 패스 상황에서 칠레의 최종 수비진이 팀의 전방 공격진을 의식하고 있을 때, 가린샤가 미드필드 전방의 빈 공간으로 진입하여 슛 포지션을 선점하는 상황이다. 문전 경합 과정에서 볼이 페널티 아크 부근으로 흐르자, 이 공간을 미리 점유하고 있던 가린샤에게 슛 기회가 조성되었다.

요점정리

1) 58 스웨덴 월드컵을 기점으로 4-2-4의 시대가 열림.
2) 브라질은 62 칠레 월드컵을 앞두고 4-2-4를 잡기 위해 4-2-4의 응용 시스템인 변형 4-2-4, 즉 공격적인 4-3-3을 고안함.
3) 4-2-4를 차용한 상대를 맞아 매 경기 미드필드를 장악하며 승승장구함. 62 칠레 월드컵도 무난히 석권.

❏ 비센테 페올라의 4-3-3 시스템 (66 잉글랜드 월드컵 세대)

'58 스웨덴 월드컵~62 칠레 월드컵' 이 시기의 대표 팀은 흠 잡을 곳이 없었다. 그러나 황금기는 오래가지 않았다. 62 칠레 월드컵을 브라질이 가져간 후, 축구계의 흐름은 4-2-4에서 4-3-3으로 빠르게 넘어갔다. 이는 곧 치열해진 중원 다툼으로 인해 공격수 3명이 4백에게 갇히는 구도가 일반화 되었음을 의미했다. 공격 축구를 선호해온 브라질에게 4-3-3과 4-2-4가 더 이상 유리한 전형이 아니게 된 것이다. 결국 대표 팀은 전술 정체성에 타격을 입었다. 전통주의와 현대화론의 대치 국면은 이를 기점으로 본격화되었다. 이 어수선한 분위기 속에 노장 비센테 페올라가 팀에 복귀했다. 그의 선택은 '현상 유지'였다(그림 30).

펠레가 건재했던 만큼, 66 잉글랜드 월드컵에 나선 브라질은 가장 유력한 우승후보였다. 하지만 지난 두 대회에서 트로피를 놓친 유럽 팀들의 저항이 거셌다. 본선이 시작되자 디펜딩 챔프를 대하는 유럽세의 거친 플레이가 대회를 어지럽혔다. 특히 펠레에게 가해지는 도를 넘은 태클들이 이슈화되었다. 분위기에 말려버린 브라질은 끝내 1승 2패로 8강 진출에 실패했다.조별예선 1차전에서 불가리아를 2 - 0으로 이겼지만, 헝가리와 포르투갈에게 각각 1 - 3으로 패하며 3위로 예선 탈락했다. 펠레는 대회 후 "축구가 공을 차는 것이 아닌, 사람을 차는 것으로 바뀌어 버렸다. 다시는 월드컵에 참가하지 않겠다"라며 성적 때문에 스포츠맨십을 저버린 유럽 팀들을 비판했다.

그러나 상대방의 더티 플레이는 최강팀이 늘 마주해야 하는 숙명과도 같다. 거친 정도가 어떻든 그저 극복해내야 할 대상일 뿐이다. 즉 팀이 패한 이유를 여기에서 찾는 것은 바람직하지 않았다. 브라질이 고전했던 진짜 이유는 상대의 거친 수비 자체가 아니라, 이를 풀어내지 못한 전략적인 측면에 있었다고 봐야 한다.

과거의 경기 방식을 고수한 페올라 호는 4-3-3을 견고하게 다진 헝가리, 포르투갈를 맞아 시종 무기력했다. 왼쪽 공격형 미드필더 자이르지뉴가 전방으로 넘어갈 때마다 중원은 항상 수적 열세에 놓였다. 반대로 자이르지뉴가 미드필드 지역에 머물 때에는 3포워드가 상대 4백에게 갇히고 에이스 펠레가 쉽게 고립되었다. 시대에 뒤처진 기존 시스템의 한계가 빚어낸 결과였다. 이것이 조기 탈락의 가장 큰 이유였다.

프로의 세계에서는 이미 '승리'가 최우선의 가치로 자리 잡았다. 스포츠맨십과 아마추어리즘은 사라져가는 추세였다. 이기고자 한다면 수단방법을 가려서는 안되는 게 현실이 되었다. 이 현상은 갈수록 심해질 것이 분명했다. 따라서 위의 사태를 냉철하게 진단하고, 시대상에 맞춰 새 시스템을 설계해 나가는 작업은 당시 브라질 축구계가 필히 인식해야 할 사항이었다.

▲ (그림 30) 66 잉글랜드 월드컵 당시 브라질 포메이션

①- 지우마르 ②- D.산토스 ④- 벨리니(C) ⑥- 알타이르 ⑧- P.엔리케 ⑩- 펠레 ⑬- 데니우손 ⑭- 리마 ⑯- 가린샤 ⑰- 자이르지뉴 ⑱- 아우신도

페올라 호는 변형 4-2-4, 즉 공격적인 4-3-3 시스템을 그대로 유지한 채 대회를 치러나갔다. 단 왼쪽 미드필드 지역에는 이전과 다른 유형의 선수를 배치했다. 58, 62 월드컵에서 각각 왼쪽 공격수, 왼쪽 미드필더로 활약한 마리우 자갈루는 터치라인 부근을 깊이 파고드는 전형적인 윙이었다. 반면 66 잉글랜드 월드컵에서 이 포지션에 자리한 자이르지뉴는 위치를 가리지 않는 만능 공격수 타입의 선수였다. 당시 그는 중앙 미드필드진의 왼편에서 약간 앞선 위치에 자리를 잡고 공격형 미드필더로 활약했다. 주요 역할은 2선에서 빠른 돌파(전진 패스 및 드리블)를 주도하며 빌드 업의 속도를 높이는 것과 1선의 중앙으로 진입하여 중앙 공격진의 연계 강화에 힘을 보태는 것이었다. 자이르지뉴의 중앙 침투가 잦았기 때문에, 인사이드 포워드가 좌측으로 비교적 자주 이동했다. 왼쪽 풀백도 간간이 오버래핑하며 좌측면 공격을 보조했다(참고로 자이르지뉴는 70 멕시코 월드컵에서는 오른쪽 공격수로, 74 서독 월드컵에서는 처진 중앙 공격수 혹은 센터 포워드로 활약했다).

요점정리

1) 62 칠레 월드컵을 기점으로 4-3-3 시스템 대유행.
2) 중원 싸움이 치열해지면서 미드필더들의 1선 침투가 여의치 않아짐. 전방에서 포워드들의 고립이 심화됨.
3) 고전 끝에 66 잉글랜드 월드컵 조별예선 탈락.
4) 전통주의와 현대화론 간의 대립과 갈등 본격화.

❏ **마리우 자갈루의** 4-3-3 **시스템**(70 멕시코 월드컵 세대)

현명하게 대처해 나가지는 못했지만, 브라질은 그래도 냉정히 현실을 인지하고 있었다. 개혁파, 즉 현대화론자들의 목소리가 갈수록 높아졌고, 그 덕분에 문제의 본질이 흐려지지 않았다.

펠레가 복귀한 1968년 후반부터 대표 팀은 본격적으로 월드컵 체제에 들어갔다-66 잉글랜드 월드컵 후 대표 팀을 떠났던 펠레는 1970 멕시코 월드컵을 약 2년 앞두고 복귀를 선언했다-. 그 때 감독으로 부임한 인물이 스포츠 언론계에

서 '독설가'로 유명했던 사우다냐였다. 그는 부임 초기에 공격적인 4-2-4(혹은 4-3-3)를 골자로 한 화려한 삼바축구로 70 멕시코 월드컵 남미 지역 예선을 전승으로 통과했다(6전 전승, 23득점 2실점). 하지만 월드컵 조 편성 결과가 나온 후 시스템 운영 기조를 갑자기 실리적으로 바꿨다. 유럽 강호들과의 혈전이 현실로 다가오자 지난 월드컵에서 대표 팀이 겪었던 악몽을 의식한 탓이다.

현대화의 실현을 위해 사우다냐는 다부진 체격을 가진 선수들을 중용했다. 선수단의 평균 키를 7cm 높이고, 미드필더, 수비수들의 평균 근량을 3kg 증감한다는 것을 팀 운영의 목표로 구체화할 정도였다. 하지만 노력 대비 효용은 떨어졌다. 미진한 전술 설계가 문제였다. 기존의 4-3-3은 그대로 유지되었으며, 몇몇 키가 큰 선수들이 미드필드와 수비진에 위치했다. 그 외 특이점은 없었다. 다부진 신체 사항을 활용한 전술 설계, 4-3-3이 가진 한계에 대한 진지한 접근은 결여되었다. 이 결과 지난 월드컵 때와 별반 다르지 않은 경기 내용이 반복되었다.

답답한 양상이 계속되자 그는 마지막 수를 꺼내들었다. '에이스' 펠레에게 수비 가담을 지시한 것이다. 그나마 남아있던 특수성(차별화 된 경쟁력, 즉 전통성)은 이로써 완전히 사라졌다. 수비진 또한 기대했던 만큼 단단해지지 않았다. 결국 사우다냐 호는 색깔 없는 평범한 팀으로 전락하고 말았다. 월드컵 우승후보로서의 면모는 온데간데 없었다. 총체적인 난국, 그 자체였다.

전술 운영에서 뿐만 아니라 내외적으로 사우다냐의 독선적인 성향이 갈수록 팀워크를 악화시켰다. 펠레와의 불화, 선수단을 향한 적나라한 독설, 선수기용을 두고 벌인 메디치 대통령과의 설전 등 이해하기 힘든 기행들을 자행했다. 결과적으로 그는 쫓겨나다시피 감독직을 사임했다. 월드컵을 불과 4개월 여 앞둔 시점이었다.

　후임자는 58-62 월드컵에서 왼쪽 날개로 활약했던 마리우 자갈루였다. 그는 전통주의의 산실인 4-2-4 시스템의 주축 멤버로 전성기를 보낸 선수였지만, 성향은 다분히 현대화론자에 가까웠다. 다만 70 멕시코 월드컵을 준비하는 과정에서는 잠시 자신의 성향을 내려놓고 공격진의 난제를 해소하는 데 힘썼다. 그가 주목한 부분은 4-3-3 시스템에서 왼쪽 공격형 미드필더가 1선으로 전진할 때, 미드필드진에 나타나는 공백을 지우는 것이었다. 제시된 해결책은 풀백의 공격화였다. 즉, 이를 통해 4-3-3에서 3-4-3, 그리고 3-3-4(3-2-1-4)로 전환해가는 전술 패턴을 체계화시키고자 했다. 물론 58, 62, 66 월드컵 당시 대표 팀도 모두 공격 운영을 활성화시키고자 각각 공격 가담이 가능한 풀백 1명을 활용했었다. 하지만 지난 세대에서 이는 단지 윙 포워드-윙 하프의 보조자, 혹은 공격 운영의 '활력소' 정도의 기능만 발휘했을 뿐이다. 풀백의 오버래핑 여하가 공격진 구성에 직접적인 영향을 주지는 않았다는 말이다. 그에 반해 자갈루는 오른쪽 풀백의 공격 가담을 우측면 돌파의 '주요 루트'로 설정했다. 우측 공격은 풀백의 주도 하에 진행되도록 조치한 것이다(반면 왼쪽 풀백은 필요시 부분적으로 공격에 가담했다). 이것이 당시의 팀과 과거의 팀을 가르는 가장 큰 전술적 차이였다(그림 31).

▲ (그림 31) 70 멕시코 월드컵 당시 브라질 포메이션

①- 펠릭스 ②- 브리투 ③- W.피아자 ④- C.알베르투 ⑤- 클로드아우두 ⑦- 자이르지뉴 ⑧- 제르손 ⑨- 토스타우 ⑩- 펠레 ⑪- 히벨리누 ⑯- 에베라우두

브라질은 70 멕시코 월드컵에서 인상적인 화력을 뽐냈다. 새 시스템은 선수들의 성향과 정확히 들어맞았다. 최종 결과는 6전 전승 19득점 7실점이었다. 말 그대로 완벽한 우승이었다.

빌드 업 시, 오른쪽 풀백 알베르투의 위치는 우측 미드필드 지역이었다(알베르투의 전진배치로 3-4-3(3-3-1-3) 대형 구축). 4-3-3이 유행하던 시절이었던 만큼, 그의 포지셔닝은 언제나 중원에서 수적 우위를 만들어주었다. 이로써 중원 운영에 약점이 있는 변형 4-2-4(공격적인 4-3-3)의 문제가 해결되었다.

빌드 업의 축이었던 제르손과 히벨리누는 패스 전개가 여의치 않을 때면 항상 알베르투를 통해 활로를 찾아나갔다. 그는 2선의 오픈 공간에서 볼을 받은 후 개인 돌파, 리턴 패스, 전진 패스 등을 적재적소에 시행하며 미드필드진에 힘을 실어주었다(그림 32).

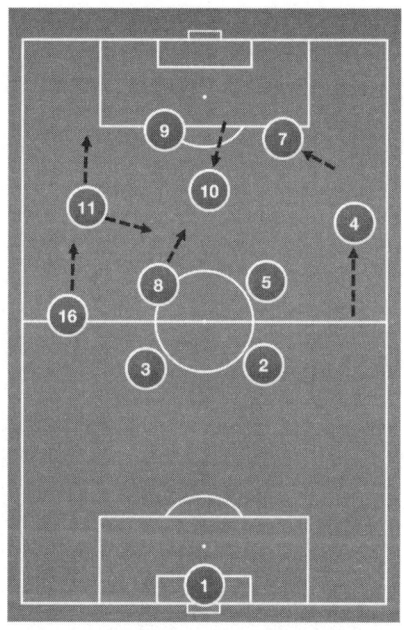

▲ (그림 32) 빌드 업 시 시스템 도면

> 빌드 업 시, 브라질은 주로 3-4-3 대형을 펼쳤지만, 종종 히벨리누가 중앙으로 이동하면서 3-3-1-3을 이루기도 했다. 패스 전개는 기술이 좋은 제르손과 히벨리누가 주도했으며, 중원 운영의 기동성과 역동성은 체력과 스피드를 겸비한 박스 투 박스 미드필더 클로드아우두가 높여주었다. 알베르투는 2선의 패스 연계에 대한 조력자로서 기능했다.

우측면을 폭넓게 관할한 알베르투의 움직임은 팀의 공격 운영에도 좋은 영향을 끼쳤다. 우선 빌드 업→페네트레이션(침투)으로 넘어가는 패턴이 다채로워졌다. 패턴의 기준은 3-4-3(3-3-1-3)(빌드 업의 기초 대형)에서 히벨리누를 전진시켜 3-3-4(3-2-1-4)로 전환하는 것이었다(그림 33). 이를 토대로 두 가지 방식을 추가했다. 하나는 알베르투의 오버래핑을 활용하여 새로운 형태의 3-3-4(3-2-1-4)를 형성하는 방식이고(그림 34), 다른 하나는 두 선수를 모두 1선으로 올려 3-2-5(3-1-1-5)를 구성하는 방식이다(그림 35). 두 방식은 알베르투의 공격성에 의해 성공적으로 구현되었다. 이처럼 당시 자갈루 호는 유능한 공격형 풀백 1명을 내세워 변형 4-2-4(공격적인 4-3-3)의 약점을 극복해 냈을 뿐만 아니라, 공격 운영의 폭을 늘려 다양성을 확보하는데 있어서도 성과를 거두었다.

▲ (그림 33) 빌드 업→페네트레이션(침투) 과정의 기준, 3-4-3(3-3-1-3)→3-3-4(3-2-1-4)

빌드 업에서 침투로 전환할 때에는 보통 히벨리누가 전진하여 공격진과 협력했다. 이 경우, 중앙 미드필더 중 공격성이 강한 제르손이 미드필드 1선으로 이동하고, 알베르투가 클로드아우두와 동일 선상에 위치하면서 3-3-4(3-2-1-4) 대형이 구축되었다.

침투 시, 만능 공격수 히벨리누는 측면과 중앙을 가리지 않고 돌파를 시도했다. 그의 중앙 이동이 잦았기 때문에 인사이드 포워드 토스타우는 때때로 활동 범위를 왼쪽 측면까지 넓혀야 했다. 또한 왼쪽 풀백 에베라우두 역시 좌측면 공격의 보조자로서 언제든 전진할 채비를 하고 있어야 했다.

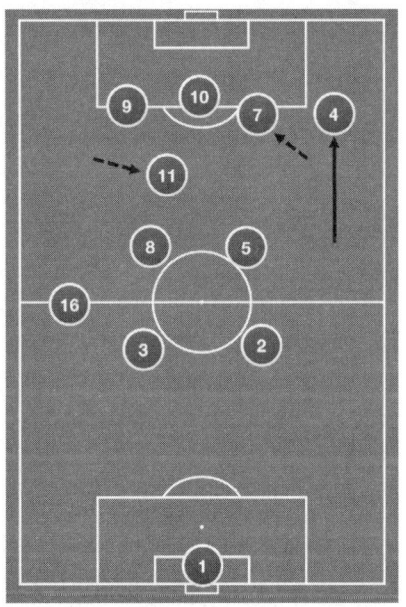

▲ (그림 34) 카를로스 알베르투의 오버래핑 시 시스템 구도

빌드 업 시, 우측면 공격 지역에 공간이 생기면 주로 알베르투가 그 공간을 파고 들고, 히벨리누가 미드필드 지역에 머물렀다. 이 때 알베르투는 측면 돌파 후 크로스 패스를 시도하는 전형적인 윙 역할에 집중했다. 대형은 그림 33과 다른 형태의 3-3-4(3-2-1-4)였다.

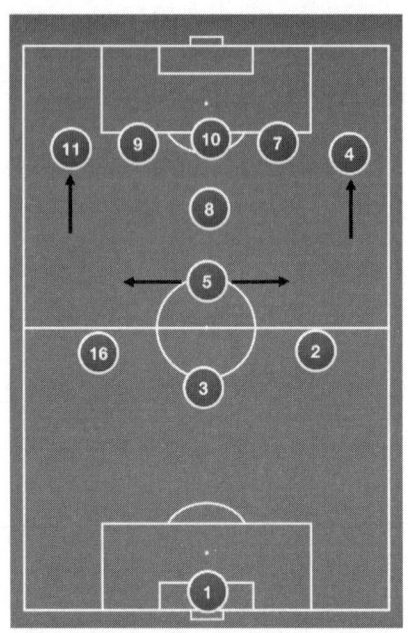

▲ (그림 35) 히벨리누와 알베르투가 모두 공격에 가담했을 시 시스템 구도

> 확실한 주도권 상황이거나, 공격수 3명이 상대 골 에어리어 부근에 밀집해 있을 경우에는 종종 히벨리누와 알베르투가 모두 공격 지역으로 올라가고 제르손이 공격진의 후위를 받치면서 3-2-5(3-1-1-5) 대형이 형성되었다.

1선 공격진의 운영도 알베르투의 활발한 측면 돌파에 긍정적인 영향을 받았다. 오른쪽 공격수의 문전 진입이 용이해졌다는 게 포인트였다. 자갈루 감독은 이 포지션에 슛 능력이 뛰어난 자이르지뉴를 배치하여 전술 효과를 높였다. 그는 측면에서 기회를 엿보다가 문전에 공간이 나면 어김없이 쇄도하여 골을 노렸다. 윙 포워드의 잦은 문전 진입은 센터 포워드 펠레의 2선 이동을 자유롭게 만들었다. 인사이드 포워드 토스타우가 전방 침투의 길을 열고 자이르지뉴가 득점에 가세하는 구도에서, 펠레는 역할에 제약을 받지 않으며 1선과 미드필드 1선을 마음껏 넘나들었다-1선의 플레이메이커 토스타우가 좌측 인사이드 구역에 위치해 있었으므로, 펠레는 주로 1선-미드필드 1선의 중앙과 우측을 오가며 공격진을 조율했다-. 이로써 그간 팀을 괴롭혔던 에이스 공격수의 고립 문제가 자연스럽게 풀렸다(그림 36) (그림 37).

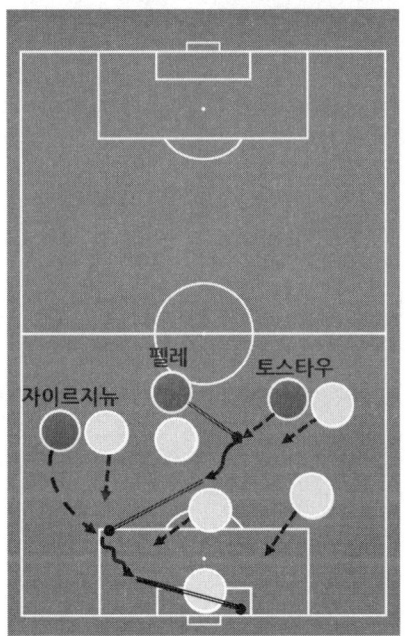

▲ (그림 36) 4강 우루과이전 자이르지뉴의 득점 상황 분석

펠레와 토스타우가 중앙에서 볼을 주고받으며 상대 수비진의 시선을 유도하는 사이, 오른쪽 윙 포워드 자이르지뉴가 상대의 마크로부터 자유로워진 상황이다. 자이르지뉴는 즉시 문전으로 침투하여 슛 기회를 얻었다.

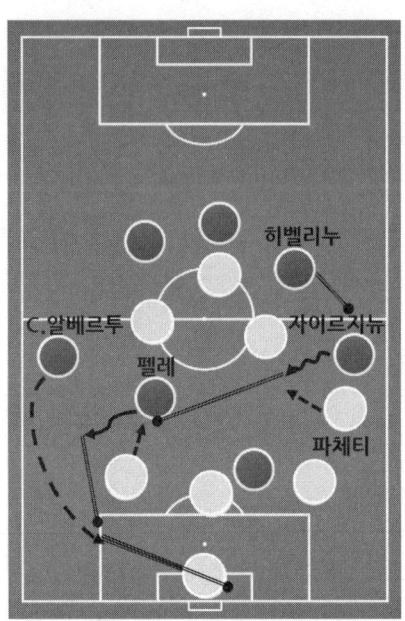

▲ (그림 37) 결승 이탈리아전 카를로스 알베르투의 득점 상황 분석

> 자이르지뉴가 자신의 마크맨 파체티를 데리고 반대편으로 이동하여 히벨리누의 전진 패스를 받는 상황이다. 이 때 오른쪽 터치라인 부근에 공간이 열렸다. 카를로스 알베르투가 이 포지션을 사수하며 득점 기회를 잡았다.

이와 같이, 당시 자갈루 호는 한쪽 측면을 지배할 수 있는 뛰어난 풀백이 팀 공격에 얼마나 큰 영향을 끼칠 수 있는지 잘 보여줬다. 다양한 패턴의 측면 공격, 윙 포워드의 득점 가담, 미드필드 1선으로 처져서 활동하는 중앙 공격수 등 당시 브라질이 선보인 갖가지 아이디어들은 모두 이를 통해 제시된 것이었다. 실제로 70 멕시코 월드컵 이후 공격형 풀백은 대표팀의 시스템 형성에 있어 필수 옵션으로 자리매김하게 된다. 카를로스 알베르투를 시작으로 호드리게스 네투, 넬리뉴, 토니뉴, 주니오르, 레안드루, 브랑코, 조르지뉴, 카를로스, 카푸까지 우수한 공격형 선수들이 이 포지션에서 매 세대 배출되고 있다. 또한 공격형 풀백의 등장은 포워드진의 중앙 밀집을 유도했다. 이로써 No.10(미드필드 1선에 위치하는 창조적인 공격 리더)의 시대가 열렸다. 펠레가 그 시초였으며, 지코, 하이, 히바우두, 호나우지뉴, 카카 등이 그 명맥을 이어오고 있다.

'공격형 풀백' '2선 공격수' '4백 지역방어' '4-2-4 시스템' '더블 보란치' 등 펠레의 시대는 근대 브라질 축구가 선보이고 있는 여러 가지 전술 사항들이 최초로 집대성된 시기였다. 이 상징적 가치와 결부되어 그 중심에 서 있었던 펠레는 시대의 아이콘, 축구의 황제, 축구의 신으로 추앙받았다. '상징적인 세대'에 '상징적인 팀을 이끈 수장'으로서 전 세계 축구팬들에게 깊게 각인되었다. 그리고 펠레의 시대가 끝남과 동시에 오랜 시행착오의 역사가 그 막을 올렸다.

요약

1) 자갈루 감독이 풀백의 공격화를 선언함.
2) 기존의 4-3-3 시스템을 공격적으로 개량함.
3) 풀백 1명이 우측면의 공수 운영을 책임지면서 공격진의 중앙 밀집화가 자연스럽게 진행됨(센터 포워드의 2선 이동, 윙 포워드의 문전 침투 빈도 상승 등). 4-2-2-2로의 진화 시작.
4) 1970 멕시코 월드컵 우승으로 펠레의 시대는 화려하게 폐막함(통산 3회 우승 달성).

지코의 시대
공격형 4-2-2-2의 시대

70년대는 유럽의 강자들이 전술적으로 한 단계 도약을 이뤄낸 시기였다. 이탈리아에서는 스토퍼+리베로를 위시한 수비형 시스템이, 네덜란드에서는 전진 수비와 압박에 기반을 둔 토털 사커가, 독일에서는 공격형 리베로를 중심으로 한 파워풀한 빌드 업 전술이 자리를 잡는 등 주요 강자들이 자신들만의 색깔을 갖춰나가기 시작했다. 또한 4-2-4, 4-3-3의 시대가 가고 4-4-2, 3-4-3, 5-4-1 등이 빠르게 유행을 탔다. 공격수 숫자가 줄어드는 대신 미드필더의 숫자가 늘어나는 흐름이 가속화된 것이다.

이러한 추세에 밀려 브라질 축구는 하향세를 탔다. 물라토와 흑인들은 재미가 없어진 축구에 흥미를 잃었고, 자국의 전술가들은 그저 유럽식 시스템을 모방하는 데 급급했다. 이처럼 새로운 정체성을 찾아가는 과정은 결코 호락호락하지 않았다. 불안정한 분위기 속에 결승진출에 실패한 74, 78 월드컵 세대는 아직까지도 유구한 브라질 축구의 역사에서 오점으로 치부되고 있다.

"절대 골을 내주지 말 것, 상대팀이 자유롭게 플레이하도록 틈을 주지 말 것"
"확실할 때에만 공격할 것"
"드리블은 시간 낭비이며 브라질의 약체성을 드러내는 증거"

74 서독 월드컵, 78 아르헨티나 월드컵에서 각각 팀을 이끌었던 마리우

자갈루와 클라우디오 코우티뉴가 남긴 이 말들은 70년대 대표 팀의 모든 것을 설명하고 있다. 브라질의 영 스타들은 새로운 시스템에 좀처럼 동화되지 못하며 방황했다. 펠레와 가린샤, 지지, 바바가 이루었던 '환상 공격 편대'는 어느새 팬들의 기억 속에 묻혀갔다. 축구계는 점차 요한 크루이프와 프란츠 베켄바워, 가에타노 시레아 등 유럽의 스타들을 동경하기 시작했다. 전술적으로도, 스타일적으로도 독보적인 위치에 있었던 과거의 영광은 더 이상 기대하기 어려운 지경에 이르렀다.

지코의 시대는 이렇듯 어수선한 분위기에서 개막했다. 그는 화려한 스타일과 우수한 기량으로 7-80년대에 남미 프로무대를 평정한 선수였다. 하지만 대표 팀에서는 전혀 다른 길을 걸었다. 위대한 한 세대가 지나가고 새로운 세대가 다시금 구축되어가는 과도기적인 시기에 지코의 행보는 순탄치 않았다. 74 서독 월드컵 때에는 어린 나이로 인해 자갈루 감독으로부터 외면 받았고(당시 그의 나이 20세), 78 아르헨티나 월드컵에서는 전술상의 이유로 벤치 신세를 져야 했다. 82 스페인 월드컵 때 비로소 주전 자리를 꿰차며 절정의 기량을 뽐냈으나, 팀의 중도 탈락으로 빛이 바랬다. 마지막 투혼을 불살랐던 86 멕시코 월드컵 때에는 4강 문턱에서 결정적인 실수를 저지르며 자신의 축구 인생에 크나큰 오점을 남겼다. 그는 현역 시절, 메이저 국가 대항전(월드컵, 코파아메리카 등)에서 단 한 차례도 주인공으로 주목받았던 적이 없다. '무관의 제왕' 이는 지코를 가장 잘 대변하는 문구이다.

그럼에도 불구하고 지코는 늘 펠레와 함께 브라질 축구사에서 빼놓을 수 없는 인물로 거론된다. 크게 두 가지 이유가 있다. 하나는, 당시 지코가 펠레의 향수를 자극하는 선수였다는 것이다. 펠레가 대표 팀을 떠난 70 멕시코 월드컵 이후 수 년의 기다림 끝에 등장한 '하얀 펠레'의 존재는 자국민들의 카타르시스를 자극하기에 충분했다. 다른 하나는, 그가 현대판

4-2-4(4-2-2-2 시스템)에서 성공적으로 활약한 첫 번째 No.10이라는 사실이다. 오랜 역사의 시작을 열었다는 것은 그 자체로 상징성이 있었다.

이번 섹션에서는 4-2-4(혹은 4-2-4에 근거한 4-3-3)에서 4-2-2-2로 넘어가는 과정을 정리해 보았다. 그리고 이를 근거로 하여 지코 시대의 브라질이 우승과 연이 닿지 못했던 이유에 대해서도 세세하게 분석해 보았다.

1 마리우 자갈루의 4-4-2(4-4-1-1) 시스템(74 서독 월드컵 세대)
☐ 배경

펠레, 제르손, 카를로스 알베르투, 클로드아우두 등 대표 팀의 전성시대를 이끈 주축 선수들이 70 멕시코 월드컵을 끝으로 대표 팀을 떠났다. 남아 있는 자원은 토스타우, 자이르지뉴, 히벨리누, 파울로 세자르 정도였다. 단단한 수비가 강조되는 축구계의 흐름에서 이 정도의 자원만으로 기존의 경기 방식을 유지한다는 것은 어려운 일이었다. 그렇다고 해서 수비 중심의 유럽식 시스템을 섣불리 받아들일 수도 없었다. 브라질 선수들과 유럽식 시스템 운영 방식 간의 확연한 성향 차 때문이었다.

결국 이러지도 저러지도 못하던 자갈루호는 74 서독 월드컵을 1년 여 앞두고 현대화로 돌아섰다. 공격의 에이스인 토스타우가 돌발 은퇴를 선언한 게 계기가 되었다. 그는 69년 시즌 중 리그 경기에서 당한 눈 부상으로 인해 망막 박리라는 시력장애 증상에 시달린 바 있는데, 73년에 똑같은 이유로 병이 재발하자 은퇴를 결심했다-당시 그의 나이 27세였다-. 스타 공격수가 부족했던 브라질에게 이는 큰 난제였다. 자갈루 감독은 불가피하게 수비적인 전술로 팀을 개편해나갔다. 시스템 형성에 대한 뚜렷한 비전과 철학 없이 무모한 도전에 나선 것이다.

❑ '시스템' 수비지향적인 플랫 4-4-2(4-4-1-1)

　수비 조직력 강화를 위해 자갈루 감독이 제시한 전형은 플랫 4-4-2(4-4-1-1)였다. 그는 플랫 4-4-2의 강점을 살리고자 2-3선의 수비 블록(즉 두 줄 수비)과 측면 미드필더를 통한 역습을 시스템 운영의 기준으로 삼았다(그림 38) (그림 39). 미드필더들의 폭넓은 움직임과 체력, 공격수들의 힘과 높이가 성패를 좌우할 핵심 요소였다. 그러나 정교한 축구를 중시하는 브라질에서 플랫 4-4-2에 어울리는 수준급 인재를 찾기란 어려웠다. 이에 자갈루는 주전급 자원들의 '포지션 이동'을 해결안으로 내놓았다. 공격수 중 체력이 뛰어난 파울로 세자르, 바우두미로, 히벨리누가 그 대상이었다. 이들은 각각 2선의 왼쪽, 오른쪽, 중앙에 자리를 잡았다. 최전방의 공석은 준수한 헤더 능력을 가진 신예 스트라이커 레이비냐가 꿰찼다. 하지만 이 방안은 도리어 역효과만 냈다. 포지션 이동의 대상이 된 선수들이 생소한 역할을 이행하다가 자신의 장점을 잃어버린 것이다. 이는 곧 선수단 전체의 슬럼프로 이어졌다. 대표 팀은 끝내 플랫 4-4-2의 실효성에 대한 의문을 안고 74 서독 월드컵에 나서야 했다(그림 40).

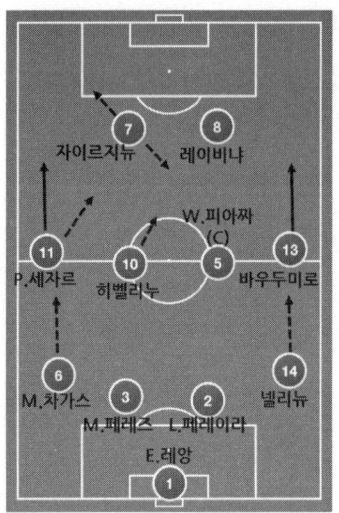

▲ (그림 38) 74 서독 월드컵 당시 브라질 포메이션

①- E.레앙 ②- L.페레이라 ③- M.페레즈 ⑤- W.피아짜(C) ⑥- M.차가스 ⑦- 자이르지뉴 ⑧- 레이비냐 ⑩- 히벨리누 ⑪- P.세자르 ⑬- 바우두미로 ⑭- 넬리뉴

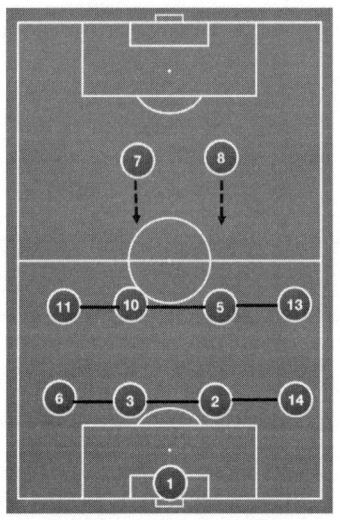

▲ (그림 39) 수비 시 시스템 도면

양측 미드필더의 합세로 2중의 벽을 쌓은 4선 대형이 골 마우스 부근을 단단히 방비했다(전방 공격수 2명 중 1명도 종종 미드필드진으로 내려가 수비를 지원해 주었다). 수비 운영 방식은 중원 압박을 배제한 지역 방어에 근거했으며, 몸싸움과 태클의 수위를 높여 체격의 열세를 극복하려는 모습을 보였다.

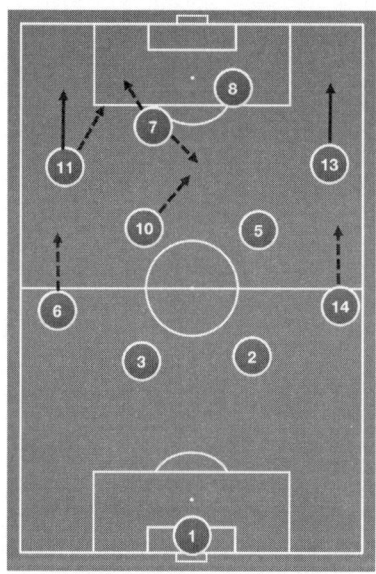

▲ (그림 40) 공격 시 시스템 도면

공격은 주로 역습에 의지했다. 측면 미드필더 파울로 세자르와 바우두미로가 주축이 되었다. 하지만 역습 이전에 측면 미드필더가 풀백 진영까지 내려가서 수비를 해야 한다는 점은 전문 공격수 출신인 이들에게 큰 부담으로 다가왔다. 그리고 센터 포워드 위치에는 높이 보강을 이유로 국제무대에서 검증되지 않은 레이비냐가 자리했다. 경험과 기량이 무르익지 않은 신진급 선수가 대표 팀 공격의 선봉에 선 것이다. 특히 눈여겨 볼 점은 10번을 달고 뛴 히벨리누의 전방 공격 관여가 적었다는 사실이다. 그의 역할은 파트너(즉 수비적인 중앙 미드필더)를 도와 4백 앞 포지션을 수호하고 공격 시 빌드 업을 조율하는 것으로 제한되었다. 여러모로 효율이 떨어지는 구성이었다. 플랫 4-4-2와 브라질 선수들의 성향 차가 초래한 오류였다. 이처럼 핵심 선수들이 자신의 강점을 발휘하기 힘든 여건에서 위력적인 공격이 나올 수는 없었다. 에이스급 공격 자원들 중 유일하게 자신의 주 포지션에서 활약한 자이르지뉴가 결국 개인 능력으로 모든 어려움을 헤쳐 나가야 했다.

요점정리

1) 스타 공격수 부재에 대한 대안으로 수비적인 플랫 4-4-2 시스템이 대두됨.
2) 수비 시 미드필더 4명과 수비수 4명이 각각 일자로 늘어서서 2중의 벽을 형성. 자기 진영에서 4-4-2 혹은 4-5-1로 방어 대형을 구축함.
3) 공격 전환 시 주로 윙 중심의 빠른 역습을 시행함.
4) 플랫 4-4-2에 어울리는 인재가 부족해 포메이션 구성에 난항을 겪음.
5) No.10을 비롯한 기존의 에이스급 공격수들이 2선으로 내려가 수비 역할을 이행하고, 국제무대에서 검증되지 않은 신진급 선수가 1선에서 팀 공격의 선봉을 맡는 비효율적인 포메이션이 연출됨.

☐ '실패로 돌아간 4-4-2 카드' 암흑기의 시작

　브라질은 74 서독 월드컵 1차 예선에서 유고, 스코틀랜드, 자이르와 한 조에 속했다. 우승권 후보들을 피한 만큼 조 1위는 무난해 보였다. 그러나 막상 본선이 시작되자 예상과는 다른 양상이 펼쳐졌다. 공격진의 빈공이 팀을 탈락 위기로 몰아간 것이다. 센터 포워드 레이비냐의 컨디션 난조와 익숙하지 않은 역할에 자기 색깔을 잃은 2선 공격 자원들의 부진이 주된 이유였다. 결과적으로 자갈루호는 3경기 동안 고작 3골을 넣는데 그쳤다. 심지어 그 3골도 대회 최약체 자이르를 상대로 기록한 것일 뿐이었다. 수비 조직력을 앞세워 간신히 1차 예선을 통과하기는 했으나(1승 2무, 3득점 0실점기록. 조 2위로 결선리그 진출), 1선과 2선의 침체된 움직임은 결선리그를 앞둔 그들에게 심각한 고민거리로 남았다.

　자갈루 감독은 즉시 전술 변화를 단행했다. 윙이 축이 되는 플랫 4-4-2의 공격 운영 기조를 No.10 중심으로 개량하는 게 목표였다. 이를 위해 파울로 세자르를 중앙 공격수로 배치하고(레이비냐 제외), 왼쪽 미드필드진의 빈자리에 좌측면과 중앙을 오갈 수 있는 전문 미드필더 디르세우를 투입하여

No.10 히벨리누의 전방 이동 빈도를 높였다(그림 41). 2선의 곳곳으로 흩어져 있던 테크니션들의 주요 활동 위치를 득점권 지역으로 집중시켜 특유의 리드미컬한 공격을 되살리고자 한 것이다. 이 변화는 결선리그 1,2차전에서 효과를 냈다. '공격 3인방' 자이르지뉴, 세자르, 히벨리누의 연계 플레이는 결선리그에서 팀의 상승세를 이끌었다. 자갈루호는 3골을 합작한 이들의 활약에 힘입어 아르헨티나, 동독을 연이어 꺾으며 순항했다. 브라질은 결선리그 아르헨티나, 동독 전에서 각각 2 - 1, 1 - 0으로 승리했다. No.10 히벨리누가 2골을 넣었고, 파울로 세자르와 자이르지뉴가 각각 1어시스트, 1골을 기록했다(그림 42).

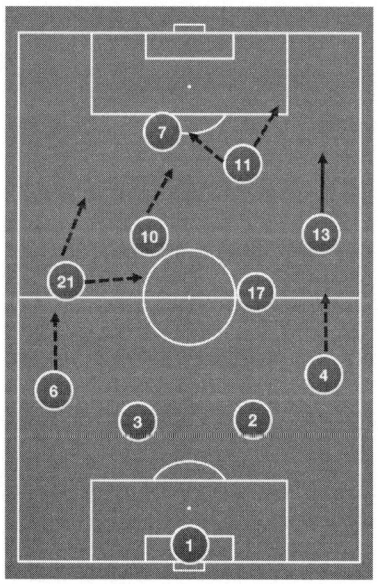

▲ (그림 41) 결선리그 당시 브라질 포메이션

①- E.레앙 ②- L.페레이라 ③- M.페레즈(C) ④- 제 마리아 ⑥- M.차가스 ⑦- 자이르지뉴 ⑩- 히벨리누 ⑪- P.세자르 ⑬- 바우두미로 ⑰- 카르페찌아니 ㉑- 디르세우

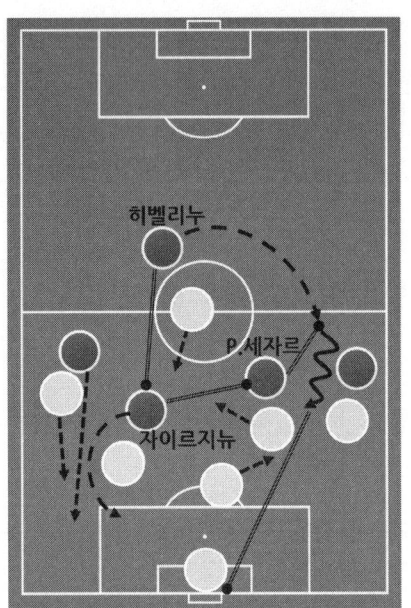

▲ (그림 42) 아르헨티나전 히벨리누의 선제점 상황 분석

2선에서 1선으로 침투하던 히벨리누에게 숏 공간이 난 상황이다. 자이르지뉴, 파울로 세자르가 전방에서 볼의 소유권을 잃지 않았던 것과 히벨리누가 페널티 아크 부근으로 과감하게 쇄도해 들어갔던 것이 주효했다.

하지만 미드필더 4명이 1자 대형을 이루어 경기를 진행해 나가는 플랫 4-4-2의 특성상, 미드필더 중 누구도 수비 역할에서 자유로울 수 없었다. No.10도 예외이지 않았다. 이 점이 내포하고 있던 불안 요소는 네덜란드와의 결선 리그 3차전에서 그대로 드러났다. 센터 포워드 요한 크루이프를 축으로 한 상대의 빠른 스위칭 플레이에 히벨리누의 수비 역할이 중요해지게 되자, 그의 전진을 유도하여 공격 효과를 높이려 했던 전술 변화는 목표를 잃고 말았다. 더구나 상대의 압박에 미드필드 주도권을 내주면서, 전방으로 나아가는 모든 루트가 차단되었다. 끝내 브라질은 힘 한번 써보지 못하고 0 - 2로 패했다(2승 1패 3득점 3실점으로 결선리그 2위에 랭크, 결승 진출 실패). 이 경기 후 플랫 4-4-2의 실효성이 자국 축구계에서 또 다시 논란의 도마 위에 올랐다.

　마지막 경기인 3,4위전에서도 경기 내용은 별반 다르지 않았다. 네덜란드전의 후유증 탓인지 오히려 더 무기력했다. 결국 0 - 1로 석패하며 4위로 대회를 마감했다. 최종 성적은 7전 3승 2무 2패 6득점 4실점이었다. 1차 예선에서 대회 최약체 자이르(대회 최다 실점팀 3경기 14실점)와 함께 행운의 조에 속했던 것을 감안한다면 굴욕적인 결과였다.

　대회 후 자갈루 감독은 자국에서 숱한 비난에 시달렸다. 월드 챔피언의 명예를 실추시킨 장본인이라며 손가락질을 당한 것이다. 살해 협박, 가족 모욕, 돌팔매질 등 그 수위는 도를 넘어선 수준이었다.

　영웅에서 역적으로! 그는 월드컵을 세 번이나 들어 올린(선수로서 두 번 (58,62 월드컵), 감독으로서 한 번(70 월드컵)) 축구계의 살아있는 역사이자 전설이었지만, 패배감에 사로잡힌 당시 브라질 사람들에게 이 사실은 그리 중요하지 않았다.

요점정리

1) 중앙 공격진을 강화하고자 파울로 세자르를 처진 포워드로 기용함. 또한 수비가담과 패스 전개에 일가견이 있는 미드필더 디르세우를 2선의 왼쪽에 기용하여 No.10 히벨리누의 전방 이동 빈도를 높임.
2) 자이르지뉴-파울로 세자르-히벨리누가 득점권 지역에서 협력할 수 있는 여건이 조성되면서 팀 득점력 상승.
3) 탄탄한 수비 조직력과 공격진의 활약에 힘입어 결선리그 1,2차전에서 연승을 거둠(아르헨티나전 2 - 1 승, 동독전 1 - 0 승).
4) 네덜란드와의 결선리그 3차전에서 상대의 에이스 공격수 요한 크루이프의 폭넓은 활동 반경에 히벨리누의 움직임이 수비 진영에 묶임.
5) 히벨리누의 부진으로 포워드진이 적진에서 고립됨. 조별예선 때 드러났던 공격 문제 재점화.
6) 네덜란드, 폴란드에 연이어 패한 브라질은 4위로 대회를 마감함. 암흑기 본격화.

2 클라우디오 코우티뉴의 개량형 4-3-3 시스템

(78 아르헨티나 월드컵 세대)

☐ 배경

축구계의 흐름은 과거의 심미주의를 허락하지 않았다. 즉 현대화론은 거스를 수 없는 현실이었다. 하지만 자갈루호의 실패 사례에서 확인해봤듯이 시스템의 전환은 보통의 노력으로는 이루기 힘든 사항이다. 자갈루의 후임으로 자리한 오스바우두 브란당 체제에서도 해법이 제시되지 못하자, 축구협회는 78 아르헨티나 월드컵을 1년 여 앞두고 중대한 결단을 내렸다. 프로 선수 경험이 없는 군인 출신의 지도자 클라우디오 코우티뉴를 대표 팀 감독으로 선임한 것이다. 엄격한 규율과 팀 스피릿을 강조하는 그의 철학이 정체성을 잃어버린 대표 팀의 시스템을 어떻게 바로 잡을 것인지, 많은 이들의 관심이 집중되었다.

☐ '시스템' 4-2-2-2 대두

코우티뉴 감독은 마리우 자갈루가 70 멕시코 월드컵 때 활용했던 변형 4-2-4(공격적인 4-3-3)를 팀의 메인 시스템으로 부활시켰다(그림 43). 다만 공격진 운영에서 두 가지를 수정했다. 하나는 중앙 공격수 2명을 앞-뒤로 두면서 1선과 2선 사이에 뚜렷한 공격 라인을 구축한 것이고, 다른 하나는 공격수와 미드필더의 경계 선상에 있던 왼쪽 공격형 미드필더의 역할을 보다 미드필더화한 것이었다(즉 미드필드 1선 및 중앙 미드필더 지원에 대한 비중을 상대적으로 높임). 미드필더가 강조되는 국제 축구계의 흐름에 맞춰가기 위한 조치였다. 또한 그는 페네트레이션 과정(즉 침투 과정)에서 '창조'의 상징인 드리블을 지양하는 대신 원터치-투터치 패스, 오프 더 볼 침투, 약속된 부분 전술의 이행을 중시했다. 철의 장벽을 치는 상대의 수비 블록에 대항하기 위한 전술적인 테마로 '속도'와 '간결함'을 내세운 것이다. 이로써 70 멕시코 월드컵 때보다는 실리적이고 74 서독 월드컵 때보다는 공격적인 형태의 시스템이 갖추어졌다(그림 44) (그림 45).

▲ (그림 43) 78 아르헨티나 월드컵 1차 리그 당시 브라질 포메이션

①- E.레앙(C) ②- 토니뉴 ③- O.베르나르디 ④- 아마랄 ⑤- 세레조 ⑥- 에디뉴 ⑧- 지코 ⑨- 헤이나우두 ⑩- 히벨리누 ⑰- 바티스타 ⑱- 지우

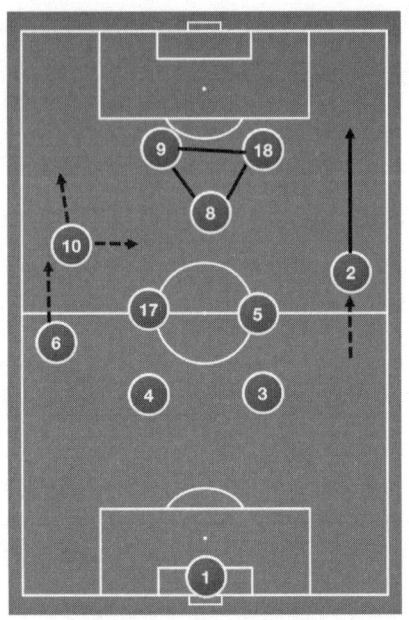

▲ (그림 44) 공격 시스템 도면

공격 시, 시스템의 구성은 변형 4-2-4(공격적인 4-3-3)를 기반으로 오른쪽에 공격형 풀백을 두었던 70 멕시코 월드컵 때와 거의 동일했다. 달라진 것은 중앙 공격진의 배치 형태였다. 과거에는 인사이드 포워드-센터 포워드가 좌-우로 늘어서서 상대의 센터 백들과 직접 대치하는 게 기본이었다(이를 기반으로 2명 중 1명이 종종 미드필드 1선 구역으로 내려가 왼쪽 공격형 미드필더 혹은 중앙 미드필더와 협력했다). 그러나 코우티뉴 체제에서는 센터 포워드가 1선에, 인사이드 포워드가 미드필드 1선에 위치(No.10 역할 수행)하는 방식이 고착화되었다(너불어 왼쪽 공격형 미드필더의 역할도 보다 더 미드필더화 되었다). 4-4-2, 3-4-3 등 미드필드와 수비를 강화한 전형이 득세하는 흐름에 대응하려면 중원을 보강할 필요가 있었기 때문이다. 하지만 이 경우 센터 포워드가 적진에서 고립될 가능성이 높았다. 따라서 센터 포워드와 동일 선상에 위치한 오른쪽 윙 포워드의 문전 쇄도 및 두 포지션의 연결 고리인 No.10의 그라운드 지배력이 전술적으로 매우 중요했다.

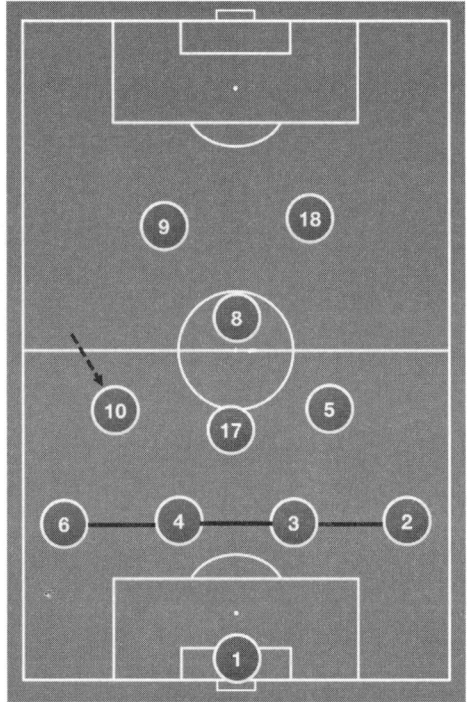

▲ (그림 45) 수비 시스템 도면

수비 운영은 60년대에 대표 팀이 사용했던 방식에 기준했다. 왼쪽 공격형 미드필더의 지원 아래 기동력이 있는 중앙 미드필더와 그의 보조자(후방 플레이메이커)가 1차 저지선을 형성하고 4백이 지역방어를 펼치며 수비를 진행했다. 센터 포워드-오른쪽 윙 포워드-No.10은 공격을 위해 주로 전방에서 대기했다.

요점정리

1) 코우티뉴의 현대화론은 70 멕시코 월드컵 당시 활용했던 변형 4-2-4(공격적인 4-3-3) 시스템의 운영 방식을 2선을 중심으로 체계화하는 데 주안점을 두었음.
2) 중앙 공격진을 앞으로 배치하여 미드필드 경쟁력을 확보함.
3) 센터 포워드의 고립을 방지하기 위해 오른쪽 윙 포워드의 문전 쇄도 및 이를 지원하는 No.10의 그라운드 장악력이 전술적으로 중요해짐.
4) 수비 운영은 60년대에 썼던 방식에 기준함.

❏ 코우티뉴의 헤안

78 아르헨티나 월드컵 초반에 코우티뉴의 시스템은 전혀 힘을 내지 못했다. 스웨덴과의 1차전, 스페인과의 2차전에서 그라운드를 지배하고도 2경기 동안 고작 1골만을 기록했다(스웨덴전 1 - 1 무승부, 스페인전 0 - 0 무승부).

스웨덴전 부진의 원인은 1선과 미드필드 1선 사이의 벌어진 틈이었다. No.10 지코를 필두로 한 미드필드 1선이 상대 2선의 압박 수비에 고전하면서 오른쪽 윙 포워드의 문전 쇄도가 무뎌졌고, 동시에 센터 포워드 헤이나우두의 고립도 심해졌다. 이를 극복하려면 먼저 공격의 너비를 확보하여 상대의 수비를 분산시켜야 했다. 즉 양쪽 측면에서 빠른 공격이 나와 줘야 했다. 우측면 돌파는 꽤 기대에 부응했다. 윙 포워드와 공격형 풀백이 협력하여 적진에 꾸준히 부담을 안겼다. 반면 좌측면 돌파는 침묵했다. 왼쪽 공격형 미드필더 히벨리누가 고립의 위험에 처한 No.10 지코를 도와야 하는 여건에서-지코에 대한 상대의 견제가 유독 심했던 이 경기에서 No.10을 보조하는 히벨리누의 역할이 평소보다 더 중요하게 부각되었다-, 왼쪽 풀백 에디뉴의 약한 돌파력이 화를 일으켰다. 좌측면 돌파의 부재는 상대의 밀집 수비를 야기했다. 그럴수록 팀의 공격진도 회생 가능성을 잃어갔다. 이 양상은 종료 시점까지 이어졌다(그림 46).

코우티뉴는 스페인전에서 1선과 2선의 수비력을 보강하여 '에이스' 지코의 전진을 유도하려 했다. 이는 No.10의 플레이 자유도를 최대한 높여 공격진의 정체를 풀겠다는 의도였다. 하지만 새 전형은 지코의 고립을 부추기는 역효과만 냈다. 지코가 막히자 답답했던 스웨덴전의 경기 양상이 똑같이 재현되었다(그림 47).

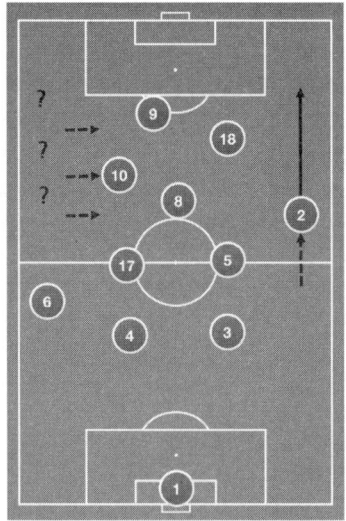

▲ (그림 46) 1차 리그 브라질 공격의 문제점

▲ (그림 47) 스페인전 브라질 포메이션

①- E.레앙(C) ②- 토니뉴 ③- O.베르나르디 ④- 아마랄 ⑤- 세레조 ⑥- 에디뉴 ⑧- 지코 ⑨- 헤이나우두 ⑪- 디르세우 ⑬- 넬리뉴 ⑰- 바티스타

공격형 풀백 토니뉴가 오른쪽 윙 포워드 자리에 위치하여 문전 공격에 가세하고(지우 제외), 스테미나가 강한 디르세우가 노장 히벨리누 대신 왼쪽 공격형 미드필더로 투입된 것이 1차전과 달라진 점이었다. 1선과 2선의 수비력을 보강하여 No.10 지코의 플레이 자유도를 높이는 것이 목표였다. 지코는 공-수 양면에서 부지런하게 움직인 토니뉴와 디르세우의 지원을 등에 업고 전방에서 자유롭게 되었다. 그러나 전술 변화의 효과는 미미했다. 1선에 위치한 공격 자원 2명 중 1명이 전문 공격수가 아니었던 만큼, 상대의 최종 수비진이 지코를 견제하는데 더 많이 집중할 수 있었기 때문이다. 결국 지코가 막히면서 경기 양상은 1차전과 비슷하게 흘러갔다. 중앙의 공간이 닫히고 공격의 너비 확보에 실패하는 형국에서 공격수들이 길을 잃고 헤맸다. 경기는 끝내 무득점 무승부로 마무리되었다.

코우티뉴호의 시스템 운영이 기본적으로 공격에 초점을 두고 있었던 만큼, 스웨덴, 스페인전에서 나온 문제는 분명하게 짚고 넘어가야 했다. 코우티뉴는 오스트리아와의 조별예선 3차전을 앞두고 전술 변화를 시도했다. 핵심은 왼쪽 수비수 에디뉴를 공격형 선수로 교체하는 것이었다. 1,2차전에서 부진했던 에디뉴를 빼고 그 자리에 1대 1 돌파 능력이 우수한 호드리게스 네투를 투입했다. 하지만 4백 수비의 붕괴가 우려되는 조치였다. 이에 코우티뉴는 4백이 위험에 처해지는 빈도를 낮추기 위해 'No.10 무용화(2선에서의 도전적인 패스 지양, No.10 제외)를 새 시스템의 모토로 삼았다. 미드필드에서의 패스 전개에 신중을 기하면서 공격이 중도에 끊기는 사태를 방지하는 것이 목표였다.

목표 이행을 위해 창조적인 성향의 지코, 히벨리누가 빠지고, 각각 그 위치에 간결한 성향의 멘도사, 디르세우가 투입되었다-멘도사와 디르세우의 본 포지션은 각각 센터 포워드, 왼쪽 공격형 미드필더였다. 멘도사는 주로 페널티 박스 부근으로 이동하여 직접 1대 1 돌파 및 슛을 시도했고, 디르세우는 2선의 곳곳을 오가며 패스의 실패율을 낮추는데 많은 힘을 썼다. 두 선수의 역할 성향으로 인해 시스템의 운영 토대는 전형적인 4-3-3에 가까운 형태를 띠었다(그림 48).

▲ (그림 48) 2차리그 당시 포메이션

①- E.레앙(C) ②- 토니뉴 ③- O.베르나르디 ④- 아마랄 ⑤- 세레조 ⑪- 디르세우
⑯- R.네투 ⑰- 바티스타 ⑱- 지우 ⑲- 멘도사 ⑳- R.다이나마이트

물론 No.10을 배제한 코우티뉴의 선택이 정답이라고 볼 수는 없었다. 전술 변화 후 공격에서의 창조성 부재가 또 다른 문제로 대두되었다는 점에서다. 이내 자국 내에서 코우티뉴의 선수기용 방침에 대한 비판 여론이 일었다. 브라질 팬들은 '펠레의 후계자'이자 'No.10의 상징'인 지코가 벤치 멤버로 경기를 시작한다는 점에 대해 단단히 화가 났다-지코는 1차 예선 오스트리아전부터 결선 리그 아르헨티나전까지 3경기를 연속으로 교체 출전했다. 폴란드와의 결선 리그 마지막 경기에서는 선발 출장의 기회를 잡았지만, 전반 7분 만에 부상으로 그라운드를 떠나며 대회를 마감했다-. 브라질식 전통 축구와 현대화론 간의 대립각을 보여주는 대표 사례 중 하나였다(그림 49).

▲ (그림 49) 2차 리그 당시 브라질의 공격 시스템 도면

하지만 전술 변화 후 공격 3인방(멘도사-R.다이나마이트-지우+디르세우)의 활동 공간이 넓어지고, 수비 균형도 꽤 확보되었다는 점은 그 자체로 가치가 있었다. 비록 No.10 기용과 관련 된 딜레마를 안기는 했지만, 양 측면 수비 지역에 공격형 선수를 배치한 위의 시스템 토대가 팀이 나아가야 할 방향과 틀을 제시하고 있었음에는 틀림없었다.

새로운 시스템은 오스트리아와의 경기에서 팀에 대회 첫 승을 선사했다. 그리고 결선리그 페루전 3 - 0 승리의 바탕이 되었다. 반면 아르헨티나 전에서는 별다른 효과를 내지 못했는데, 이는 전반 34분 만에 공격형 풀백 호드리게스 네투가 부상으로 빠진 탓이다. 대체자로 들어온 에디뉴는 또 다시 갑갑한 공격의 원인이 되고 말았다(결국 0 - 0 무승부 기록). 폴란드전에서 코우티뉴는 네투의 빈 자리에 오른쪽 풀백 토니뉴를 위치시켰다. 오른쪽은 토니뉴의 백업이었던 또 다른 공격형 풀백 넬리뉴가 자리했다. 토니뉴-넬리뉴 콤비는 탄탄한 공격 지원으로 팀의 3 - 1 승리를 이끌었다(그림 50). 마지막 경기였던 이탈리아와의 3,4위전에서는 네투-넬리뉴가 주전으로 나왔다. 이들 역시 준수한 경기 내용을 선보이며 팀의 2 - 1 승리에 공헌했다.

이처럼 브라질은 양측에 공격형 풀백을 두고 치른 네 경기에서 9득점을 올리며 전승을 거두었다. 한쪽 측면에만 공격형 풀백을 두고 치른 세 경기에서 3무승부 2득점에 그친 것을 감안하면 놀라운 성과다. 공격형 풀백이 당시 대표 팀의 시스템 형성에 얼마나 큰 영향을 끼쳤는지 확인할 수 있는 대목이다(그림 51) (그림 52)-참고로 브라질은 대회에서 한 번도 패하지 않았음에도 불구하고 3위에 머물렀다. 결선 리그 조 1위 팀이 곧바로 결승전에 진출하는 대회 규정 때문이었다(결선리그 B조 1위 아르헨티나 2승 1무 +8, 2위 브라질 2승 1무 +5).

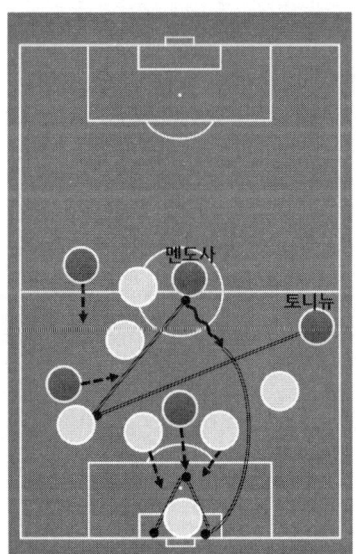

▲ (그림 50) 2차 리그 폴란드전 두 번째 골 득점 상황 분석

왼쪽 풀백 토니뉴가 측면 돌파를 시도하는 과정에서 포워드 멘도사가 페널티 아크 부근으로 재빨리 진입한 것이 주효한 장면이다. 왼쪽 터치라인 부근에서 볼을 소유한 토니뉴가 크로스 패스를 시도할 때, 폴란드의 수비수들은 골 에어리어 부근에 위치한 브라질 공격수들을 마크하는데 여념이 없었다. 이 때, 멘도사에게 슛 공간이 열렸다. 혼전 상황에서 세컨드 볼을 소유하게 된 멘도사는 강력한 슛으로 폴란드의 문전을 위협했다.

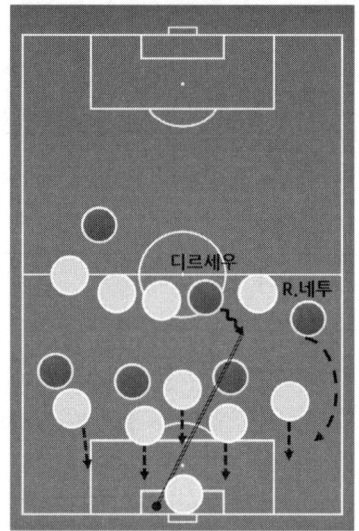

▲ (그림 51) 2차 리그 페루전 두 번째 골 상황 분석

하프라인을 넘어 디르세우가 개인 돌파를 시도할 때, 왼쪽 풀백 네투가 터치라인의 높은 지점으로 쇄도하고 있다. 페루의 우측 풀백은 네투의 움직임을 의식한 나머지 자신의 구역으로 진입해 들어오고 있는 디르세우에게 적극적으로 다가가지 않았다. 결국 디르세우가 별 다른 어려움 없이 롱 슛 기회를 잡았다.

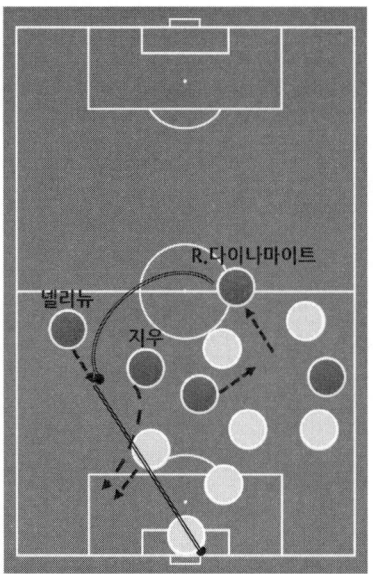

▲ (그림 52) '3,4위 결정전' 이탈리아전 넬리뉴의 득점 상황 분석

> 호베르트 다이나마이트가 미드필드 1선에서 볼을 잡았을 때, 지우가 자신의 마크맨을 데리고 문전으로 진입하면서 넬리뉴에게 침투 공간을 열어주는 상황이다. 측면 공간을 내준 이탈리아의 수비수들이 신속히 문전 수비를 강화하려하자 넬리뉴는 아웃프론트 킥을 이용한 절묘한 슛으로 허를 찔렀다. 그의 슛은 이탈리아 문전의 오른쪽 포스트 지점을 정확하게 저격했다.

　6~70년대 브라질 대표 팀에서 주목해야 할 점은 공격형 풀백의 변천 과정이다. 60년대까지만 하더라도 브라질에서 풀백은 수비 자원이었다. 이 중 1명 정도가 간간이 전방으로 침투할 수 있는 능력을 가졌었다. 물론 이들의 오버래핑은 어디까지나 공격 운영의 활력소였을 뿐, 그 이상의 영향력을 가진 것은 아니었다. '공격형 풀백'이라는 개념이 확고히 자리 잡게 된 시기는 60년대 말, 즉 70 멕시코 월드컵 세대부터이다. 당시 우측 풀백 카를로스 알베르투는 측면 지역의 미드필더, 혹은 실질적인 윙이었다. 그

의 활동에 힘입어 미드필드진과 포워드진의 운영 패턴이 다채로워졌다. 그러나 4-4-2, 3-4-3, 5-4-1 등 미드필드와 수비를 강조하는 시스템이 자리를 잡아가던 70년대 중반부터, 공격형 풀백 1명만 가지고는 중원과 적진을 장악하는 게 쉽지 않아졌다. 필연적으로 반대 측 풀백의 공격 가담이 화두로 떠올랐다. 이는 78 아르헨티나 월드컵 결선리그에서 코우티뉴 감독의 추진 아래 실현되었다.

양측 풀백의 공격화는 자연스럽게 팀의 공격진을 중앙밀집화 시켰다. 상대 미드필드-수비 사이의 틈새 공략이 중시되던 시대적 상황과 맞물려 이 현상은 더 두드러졌다. '풀백의 공격화, 공격진의 중앙밀집화' 이 구도는 80년대부터 브라질 축구 시스템 형성의 기본 틀이 되었다.

향후 대표 팀 전술 운영의 핵심 안건은 전통주의자들과 현대화론자들이 이틀을 어떻게 활용할 것인가 여부에 맞춰졌다. 구체적으로 전통주의자들은 'No.10을 중심으로 중앙 공격진의 역할을 어떻게 세분화할 것인가', '풀백의 전진 배치로 인해 수비 임무가 커진 중앙 미드필드진의 원활한 공격 가담을 어떻게 이끌어낼 것인가'에 초점을 두었고, 현대화론자들은 '오버래핑한 풀백이 남긴 공간을 어떻게 커버할 것인가', '탄탄한 수비 조직력에 기반하여 풀백, No.10의 공격성을 어떻게 이끌어 낼 것인가'에 대한 고민을 거듭했다.

요점정리

1) 기존의 시스템이 1차 리그 1-2차전에서 통하지 않자, 양측 풀백을 모두 공격화하고 중앙 미드필드진의 기동성을 확보하는 방향으로 시스템을 수정함(No.10 제외).
2) 풀백이 좌·우로 공격 폭을 넓혀줌에 따라 자연스럽게 중앙에서 공간이 생성됨. 이를 계기로 공격진의 문전 침투 플레이가 활발해짐. 팀 득점력 상승.
3) 78 아르헨티나 월드컵을 기점으로 풀백의 공격화, 공격진의 중앙밀집화가 시스템 구성의 새로운 정체성으로 자리매김 함. 4-2-2-2 태동.
4) 80년대 들어 4-2-2-2의 활용법을 두고 전통주의-현실주의 간의 대립과 갈등 심화.

3 테레 산타나의 4-2-2-2 시스템(82 스페인 월드컵 세대)

☐ 배경

레오니다스, 아데미르, 펠레, 가린샤, 지지, 자이르지뉴로 이어져오던 브라질 축구의 스타 계보는 공격수를 중심으로 이루어져 왔다. 그러나 코우티뉴의 바통을 이어받은 테레 산타나 체제에서는 공격진의 파괴력보다 미드필드진의 공격성이 더 주목받았다(1980~). 영특한 No.10 지코를 필두로 소크라테스, 팔카웅, 세레조가 엮어내는 중원에서의 창조적인 플레이는 70 멕시코 월드컵 당시 히벨리누, 펠레, 토스타우, 자이르지뉴가 구성했던 공격진의 힘을 대체하기에 부족함이 없었다. 화려한 공격축구로 대변되던 과거의 경기 방식이 시대의 추세에 맞춰 중원을 중심으로 자연스레 계승되는 분위기가 조성되고 있었던 것이다.

☐ '시스템' 4-2-2-2 정형화, 전통주의의 부활

78 아르헨티나 월드컵에서 시행했던 양측 수비수의 공격화는 이후 대표팀 시스템 운영의 기본 틀이 되었다. 그러나 당시 코우티뉴 감독이 수비 불안을 의식한 나머지 히벨리누, 지코 등 창조적인 에이스 자원들(그라운드 지배력이 있는 가장 브라질적인 선수들)을 빼고, 이타적인 성향의 디르세우, 멘도사를 중용했던 것은 숙고해봐야 할 부분이었다. 팀을 대표하는 인재들이 전술상의 이유로 전력에서 제외되는 것은 결코 바람직한 현상이 아니라는 점에서다. 산타나 감독도 이를 분명하게 인지하고 있었다. 그렇지만 새 시스템에서 지코, 소크라테스처럼 도전적인 경기를 선호하는 공격 자원들이 선발로 기용될 경우, 수비 균형이 흐트러질 가능성이 컸으므로 이 또한 쉽게 볼 사안이 아니었다. 그래서 고심 끝에 그가 내린 결론은 재능 있는 멤버들을 집결시켜 '공격에 올~인!'하는 것이었다. 파상적인 공세를 펼쳐 수

비 문제가 불거질 새도 없이 상대를 제압해 버리겠다는 게 그가 제시한 해결안이었다(그림 53).

▲ (그림 53) 82 스페인 월드컵 당시 브라질 포메이션

①- 페레즈 ②- 레안드루 ③- O.베르나르디 ④- 루이지뉴 ⑤- 세레조 ⑥- 주니오르
⑧- 소크라테스(C) ⑨- 세르지뉴 ⑩- 지코 ⑪- 에데르 ⑮- 팔카웅

이를 실현코자 산타나 감독은 전술적으로 두 가지를 정비했다. 하나는 공격진의 구성을 코우티뉴 부임 초기 시절(1978)로 돌려놓는 것이었다. 즉 센터 포워드 1명과 측면·중앙을 폭넓게 오갈 수 있는 윙 포워드 1명을 1선에, No.10과 공격형 미드필더 1명을 미드필드 1선에 두는 방식을 다시 채택한 것이다. 단 오버래핑이 잦은 풀백과 미드필더들의 동선을 구분 짓기 위해 No.10의 조력자

로 측면 공격형 미드필더가 아닌, 중앙 플레이어를 배치한 것은 차이였다. 이 포지션에 위치하게 된 소크라테스는 3/4 지역에서 활동하는 No.10 성향의 미드필더였다. 사실상 미드필드 전방에 두 명의 No.10이 배치된 셈이다. 미드필드 1선에서 No.10 역할을 적절하게 대체해준 소크라테스의 활약에 힘입어 지코는 보다 자유롭게 1선을 넘나들며 슛에 가담했다. 이로써 4-2-2-2 대형이 그 형체를 뚜렷하게 갖추게 되었다(그림 54).

다른 하나는 미드필드 2선과 4백 진영의 공격화였다. 산타나는 풀백 이외의 수비자원들도 언제든지 전방으로 넘어가 공격 작업에 관여할 수 있어야 한다는 점을 강조했다. 1선과 미드필드 1선에서 공격수들의 활동이 정체되는 것을 방지하기 위해서였다. 경기 중 단 한순간도 공격에서의 주도권을 놓치지 않겠다는 산타나 감독의 의지가 엿보이는 대목이다. 그 일환으로 압박, 대인방어 등 체력 소모가 큰 수비 방식들을 배제하고 지역방어를 공고히 다졌다. 공격에 나설 수비 자원들의 에너지를 확보하는 것이 목표였다. 또한 미드필드 2선의 한 축인 팔카옹에게 스코어러 역할(문전 쇄도, 슛 가담 등)을 부여했으며, 앵커맨 세레조, 센터 백 루이지뉴에게도 기회가 오면 주저 없이 전방으로 침투할 것을 요구했다. '공격이 곧 최선의 수비다'라는 축구계의 유명한 격언을 현실에서 그대로 적용한 파격적인 조치였다(그림 55).

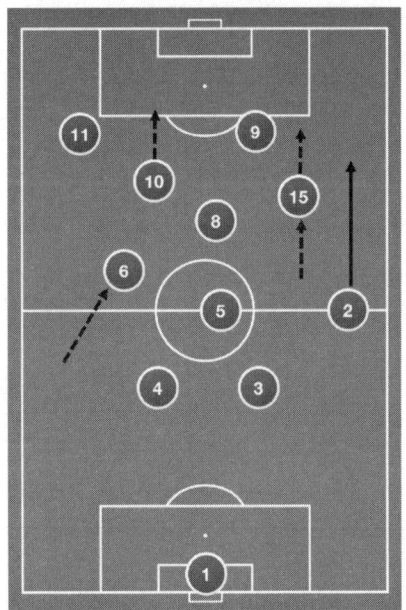

▲ (그림 54) 공격 시 시스템 도면

공격 운영은 센터 포워드 세르지뉴와 공격형 미드필더 소크라테스가 각각 1선과 미드필드 1선에서 무게 중심을 잡아주고, 이를 축으로 No.10 지코와 미드필드 2선의 팔카웅이 문전으로 침투하는 방식을 취했다. 이중 팔카웅의 공격 가담이 잦아 미드필드 2선 운영에 부담이 많이 갔다. 이 공백은 주로 왼쪽 풀백 주니오르가 메웠다(주니오르는 측면보다 중앙 이동을 선호하는 선수였으며 동시에 앵커맨의 역할을 대신할 수 있는 멀티 플레이어였다). 때문에 왼발을 잘 쓰는 포워드 에데르가 공격의 너비 확보를 위해 좌측 터치라인 부근에서 윙과 같은 역할을 수행해야 했다. 반면 오른쪽 풀백 레안드루는 전통적인 윙 성향의 경기 운영으로 터치라인을 지배했다.

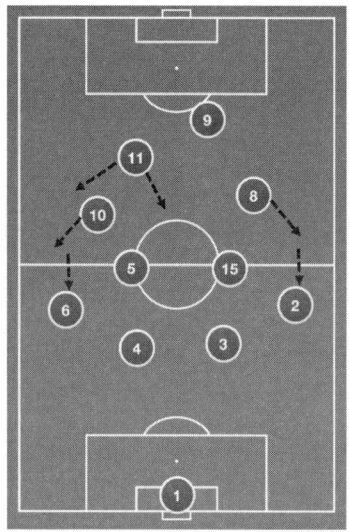

▲ (그림 55) 수비 시 시스템 도면

수비는 미드필드 2선과 4백이 배후로 깊숙이 이동하여 지역방어를 이행하는 방식을 취했다(종종 미드필드 1선 라인도 뒤로 이동하여 이들을 지원했다). 중원 압박과 상대 에이스에 대한 집중 견제 및 대인마크는 병행하지 않았다.

요점정리

1) 풀백의 공격화, 공격진의 중앙 밀집화 구도가 더욱 명확해짐. 4-2-2-2 시스템 정형화.
2) 2선, 3선 플레이어들의 공격 가담 활성화. 철저한 지역방어를 통한 수비 자원들의 공격 에너지 확보. 공격력 최대화.

❏ 수비 불안에 발목이 잡힌 12년 만의 드림팀

테레 산타나의 4-2-2-2 시스템은 운영 특성상, 주도권 상황에서는 위력을 낼 수 있지만, 그렇지 않을 경우에는 수비 불안으로 흔들릴 공산이 높다. 그들이 이 시스템으로 우승을 노리고자 한다면 매 경기 적진을 지배하는 양상을 이끌어 내야 한다. 그러나 상위권 팀들 간의 단판 승부는 아주 치열하다. 그만큼 변수도 많이 발생한다. 즉 이것의 실현은 거의 이상에 가까운 일이었다.

1차 리그에서는 산타나의 이상이 통했다. 소련, 스코틀랜드, 뉴질랜드는 브라질을 대적할만한 팀이 아니었기에, 그들은 매번 적진에서 주도권을 잡았다. 하지만 결선 리그에서는 달랐다. 아르헨티나와의 1차전은 무난하게 치렀으나(지코, 주니오르, 세르지뉴의 골을 묶어 3 - 1로 승리) (그림 56) (그림 57), 이탈리아와의 2차전에서는 대형의 허점이 노출되었다. 그들의 경기력이 나빴던 것은 아니다. 선수들이 좋은 컨디션을 유지했고, 팀이 지향하고자 하는 움직임 역시 소신껏 펼쳐나갔다. 다만 공격이 이탈리아의 강압 수비에 자주 막히면서 수비진의 결점이 부각된 게 흠이었다. 결국 브라질은 2골을 넣는 대신 3골을 내주며 패했다. 동시에 4강 진출권도 이탈리아에게 빼앗겼다. 필요 이상으로 공격적이었던 시스템 운영이 끝내 팀에 화를 입히고 만 것이다.

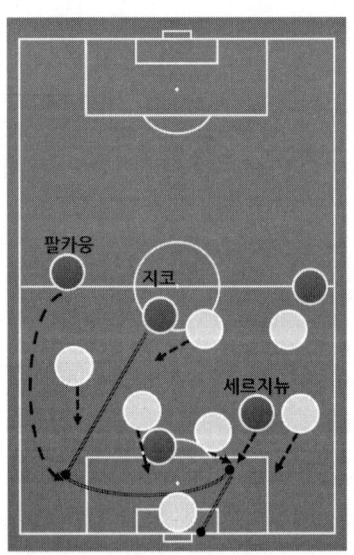

▲ (그림 56) 12강 리그 아르헨티나전 세르지뉴의 득점 상황 분석

상대가 오프사이드 트랩을 펼치려 할 때, 2선 플레이어를 이용하여 상황을 극복하는 장면이다. 1선으로 침투하여 적진의 우측 공간을 차지한 중앙 미드필더 팔카웅은 침착하게 반대편 공간을 열어 슛 기회를 만들었다.

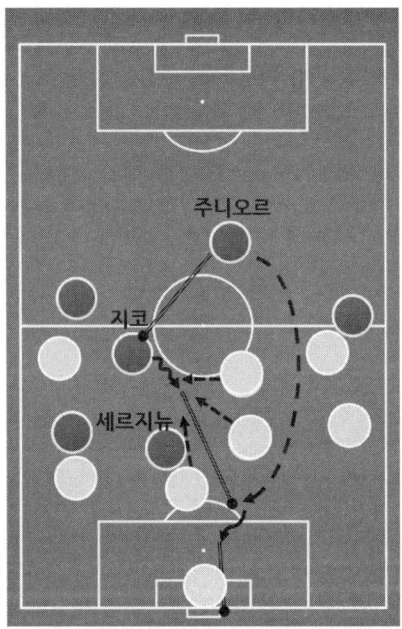

▲ (그림 57) 12강 리그 아르헨티나전 주니오르의 득점 상황 분석

아르헨티나의 수비가 공격 3인방(지코, 소크라테스, 세르지뉴)을 집중 견제하는 상황에서, 왼쪽 풀백 주니오르가 허를 찌르는 문전 쇄도로 기회를 엮어내는 장면이다.

크게 두 가지가 문제였다. 하나는 느슨한 지역방어이다. (그림 58)에서 보는 바와 같이 카브리니의 크로스 패스 시, 수비 구성원 모두가 자신의 위치에서 볼의 흐름만 주시하고 있다. 이로 인해 상대의 센터 포워드 파울로 로시가 어렵지 않게 헤더 슛 기회를 잡았다. 더 큰 문제는 첫 번째 일격을 당한 후에도 로시에 대한 견제를 강화하지 않았다는 것이다. 로시는 자유롭게 브라질 진영을 넘나들며 두 골을 더 추가했다(그림 59) (그림 60). 4강 진출권이 걸린 중요한 경기에서 특정 선수에게 해트트릭을 허용했다는 점은 비판받아 마땅했다. 수비 운영에서 상대 에이스에 대한 집중 견제와 대인방어를 배제한 산타나 감독의 전술적인 판단이 빚어낸 실책이었다.

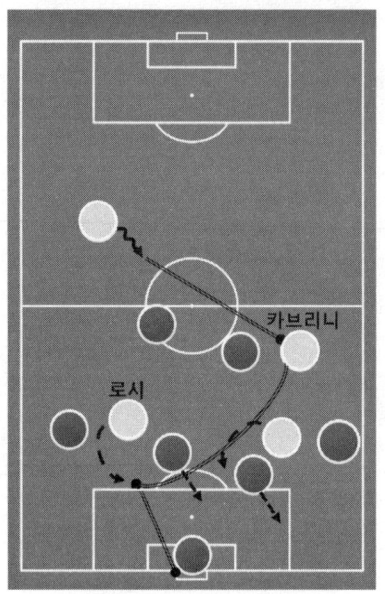

▲ (그림 58) 로시의 선제점 상황 분석

좌에서 우로 전환하는 상대의 공격을 쫓아가지 못한 게 패인이었다. 이 결과 측면 공간을 쉽게 허용했다. 문전에서도 센터 백들이 볼에만 시선을 뒀다. 이 상황에서 상대의 센터 포워드 파울로 로시는 어렵지 않게 헤더 슛 기회를 얻었다.

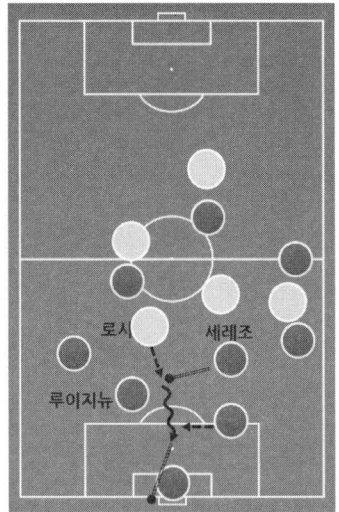

▲ (그림 59) 로시의 두 번째 득점 상황 분석

앵커맨 세레조의 패스 미스가 나왔을 때, 지연 플레이를 하지 않은 센터 백 루이지뉴의 성급한 판단이 문제가 된 상황이다. 파울로 로시는 어부지리로 단독 기회를 잡았다.

▲ (그림 60) 로시의 세 번째 득점 상황 분석

> 코너킥 상황. 수비수 및 수비 가담자들이 문전 방어에만 집중하다가 아크 부근에 위치를 잡은 상대의 '주포' 파울로 로시를 놓치고 말았다.

다른 하나는 4백의 배후 공간이었다. 특히 풀백이 오버래핑에 나섰을 때, 좌-우 측면에 나타난 공간에서 위급 상황이 자주 발생했다. 미드필드 1선과 2선이 모두 공격적인 움직임에 비중을 두고 있었기 때문에, 수비 전환 과정에서 이를 커버할 여력이 없었던 것이 원인이었다. 이탈리아의 감독 엔조 베아르초트는 브라질과의 경기 직후 "나는 경기가 거듭될수록 승리를 확신했다. 매번 브라질 진영의 측면에 많은 공간이 열렸고 우리는 그 공간을 쉽게 장악할 수 있었다"며 브라질의 안일한 경기 운영을 비판했다 (그림 61).

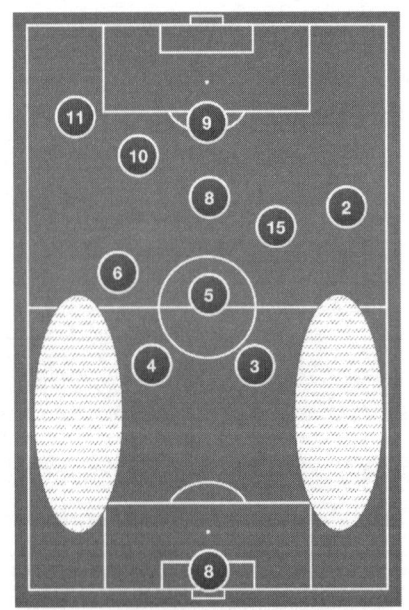

▲ (그림 61) 이탈리아전에서 드러난 브라질 수비의 문제점

> 1선-미드필드 1선과 더불어 미드필드 2선의 팔카웅과 오른쪽 풀백 레안드루까지 전방으로 넘어가 있다. 미드필드 2선에 혼자 남게 된 세레조가 중원의 모든 지점을 커버해야 하는 입장에 놓인 것이다. 따라서 앵커맨의 역할을 대체할 수 있는 왼쪽 풀백 주니오르의 중원 지원이 불가피했다. 이 결과 측면 수비는 언제나 아무런 대비책 없이 위급 상황에 맞서야 했다.

물론 산타나호가 수비에 비중을 두는 팀이 아니었으므로, 위의 문제만 가지고 팀 경기력을 논하는 것은 부당했다. 경기 운영의 핵심인 공격진의 힘을 앞세워 이 문제를 커버할 수 있었다면, 이야기는 달라졌을 것이다. 따라서 이탈리아전 패배의 원인에 대해서는 수비 문제를 탓하기 이전에, 이를 극복하지 못한 공격진의 부진을 먼저 따져봐야 했다.

축구 경기에서 공격 패턴은 대개 패스의 줄기, 즉 플레이메이커가 위치한 지점에서 만들어진다. 이 지점에서의 활동이 저조하면 팀의 공격 옵션들은 제대로 가동되기가 어려워진다. 이것이 문제였다. No.10 지코가 유벤투스 삼인방 젠틸레, 타르델리, 시레아의 협력 수비에 막혀 고전하자, 팀 공격도 덩달아 침체되었다-이탈리아는 스토퍼 클라우디오 젠틸레가 지코를 대인마크하고 중앙 미드필더 타르델리와 리베로 시레아가 이를 인접 지점에서 지원하는 방식으로 브라질 공격의 출발 지점을 봉쇄했다-.

지코가 막히면서 2선에서 1선으로 넘어가는 패스의 빈도와 성공률이 눈에 띄게 낮아졌다. 나아가 미드필드 1선-미드필드 2선 공격자들의 1선 침투도 적극성을 띠기 어려워졌다. 물론 이와 같은 여건에서도 2골을 만들어 낸 집중력은 인상적이었다(그림 62) (그림 63). 특히 팀의 두 번째 득점은 전방의 공격 루트가 모두 저지되고 있는 가운데, 후방 플레이어들이 자신들만의 힘으로 기회를 만들어냈다는 점에서 높은 점수를 줄 만했다. 그러나 상대 수비의 실수를 기다리는 것과 몇 가지 공격 옵션을 활용하는 것만으로는 승리할 수 없었다. 이기려면 공격의 중심부에서 활로를 열어 적진을 지배하는 양상을 만들어야 했다. 팀의 약한 수비력 탓이다. 그런 의미에서 이탈리아의 견고한 수비에 묶인 공격진의 부진이 결과적으로 팀의 패배를 야기했다는 점은 단순하게 치부될 사항이 아니었다.

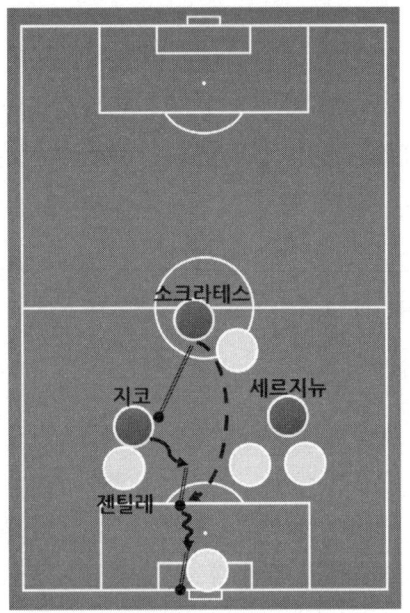

▲ (그림 62) 소크라테스의 동점골 상황 분석

미드필드 지역에서 지코가 젠틸레의 대인마크를 뚫어내자, 이탈리아 수비진이 전진하며 지코를 압박하려는 상황이다. 이 때, 소크라테스의 2선 침투가 이탈리아 수비의 배후 공간을 절묘하게 꿰뚫었다. 그 후 소크라테스를 겨냥한 지코의 스루패스가 정확히 이행되며 득점 기회가 생겨났다(이 상황은 경기 중 유일하게 지코가 젠틸레의 마크를 벗어난 순간이었다).

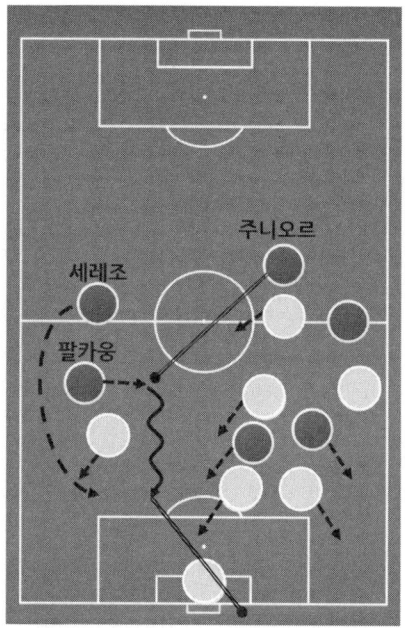

▲ (그림 63) 팔카웅의 두 번째 동점골 상황 분석

> 1선과 미드필드 1선에서 공격이 풀리지 않자 '더블 보란치' 팔카웅-세레조가 직접 나서서 만들어 낸 합작골이다. 페널티 아크 부근에서 팔카웅이 볼을 잡자마자 앵커맨 세레조가 오른쪽 인사이드 구역으로 깊숙이 침투해 들어갔다. 이탈리아의 수비가 세레조의 움직임을 의식하여 골 에어리어 부근으로 물러나는 사이, 순간 팔카웅에게 슛 기회가 열렸다. 팔카웅의 지체 없는 왼발 슛은 이탈리아의 골네트를 시원하게 갈랐다.

82 스페인 월드컵은 현대를 넘어 탈현대화의 흐름이 감지되던 대회였다. 대부분 1선에 공격수를 2명만 두는 수비적인 경기를 지향했다. 특히 우승팀 이탈리아는 단 1명의 포워드만 활용하는 극단적인 전술을 펼쳐보였다. 공격 숫자의 감축은 반대로 수비진의 전진을 유도했다. 이것은 자연히 미드필드가 강조되는 흐름을 만들어냈다. 수비 대형의 위치가 높아지고, 역

습의 비거리가 짧아지는 전술 구도가 자리를 잡아 나간 것이다. 실제로 80년대 중반 들어 미드필더를 5명이나 두는 3-5-2 시스템이 유럽 프로리그에서 조금씩 실체를 드러냈다. 그리고 아르헨티나와 서독이 맞붙은 86 멕시코 월드컵 결승전을 기점으로 '압박'이라는 전술 용어가 새로운 트렌드로 부상했다.

이러한 추세는 브라질에게 큰 타격을 입혔다. 상대의 압박 범위가 전방 위로 확대되면서, 더 이상 후방 플레이어들에게 적극적인 공격가담을 주문하기 어려워졌다는 점에서다. 결국 전통주의의 해체, '압박' '선수비'로 대변되는 현대화로의 전환은 그들에게 선택이 아닌 필수 사항이 되었다.

대표 팀의 전술 운영은 80년대 중반을 넘어서면서부터 압박 대형 및 수비 조직 구성에 비중을 두기 시작했다. 이때부터 팀 전술 운영의 구심점은 미드필드 1선에서 점차 미드필드 2선으로 옮겨갔다. 브라질 축구 역사상 최고의 '캡틴'으로 인정받는 둥가의 시대는 이렇게 개막한다.

요점정리

1) 지역방어 전술의 결함이 본선에서 여실히 드러남.
2) 상대 공격수에 대한 대인마크 부재 심각. 더불어 풀백의 배후 공간에서 여러 차례 약점 노출.
3) 이탈리아의 카데나치오에 막혀 공격진이 부진하자 수비의 약점이 부각됨.
4) 이탈리아에게 2 - 3으로 패한 브라질은 조 2위로 4강 진출에 실패함.
5) 압박 전술이 80년대 중반부터 트렌드로 부상하면서 전통축구가 설 자리를 잃음.
6) 전술의 구심점이 미드필드 1선에서 미드필드 2선으로 내려감. 둥가의 시대 개막. 현대화 본격화.

참고 86 멕시코 월드컵 당시 브라질 대표 팀

테레 산타나는 82 스페인 월드컵 이후 약 3년 만에 대표 팀에 복귀했다 (1985~). 그는 80년대 초반에 자신이 개척한 시스템을 기반으로 86 멕시코 월드컵에 나설 시스템을 구성했다. 전체적인 팀 운영의 기조는 4년 전과 거의 동일했다. 화려한 면모를 갖춘 최전방의 공격 편대는 여전히 시스템의 선봉에 서서 팀을 이끌었고, 압박-대인방어와 같이 체력 소모가 큰 수비 방식들을 배제하면서 공격을 위한 에너지 확보에 많은 노력을 기울였다. 단 공격의 에이스였던 지코를 빼고 풀백 주니오르를 왼쪽 수비형 미드필더로 기용하여 4-3-1-2에 가까운 대형을 갖춘 것은 눈여겨볼 만한 부분이었다. 공격적인 경기 운영을 기반으로 하되, 실리성 또한 놓치지 않겠다는 게 그의 의도였다.(그림 64).

▲ (그림 64) 86 멕시코 월드컵 당시 브라질 포메이션

①- 카를로스 ④- 에디뉴(C) ⑥- 주니오르 ⑦- 뮬러 ⑨- 카레카 ⑬- 조시마르 ⑭- J.세자르 ⑮- 알레망 ⑰- 브랑코 ⑱- 소크라테스 ⑲- 엘조

하지만 산타나의 4-3-1-2는 기대만큼 탄탄하지 않았다. 압박과 대인방어가 가미되지 않은 느슨한 지역방어와 위력이 반감된 공격진이 팀의 색깔을 평범하게 만든 탓이다. 대회 내내 답답한 행보를 이어가던 그들은 프랑스와의 8강전에서 결국 고비를 맞았다. 미드필드 저지선은 상대의 '에이스' 플라티니를 수시로 놓쳤고, 공격진은 우세한 흐름에서도 뚜렷한 기회를 만드는데 실패했다. 끝내 승부차기에서 패하고 말았다(1(3pk4)1 브라질 패). 수비와 공격의 주요 상황, 즉 승부처에서 전력을 집중시키지 못한 것이 탈락의 주요인이었다(그림 65).

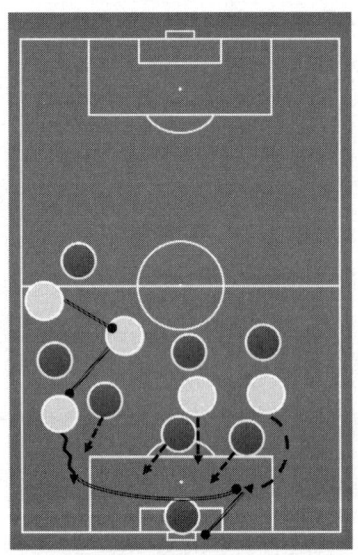

▲ (그림 65) 프랑스전 실점 상황 분석

브라질 수비의 문제는 지난 대회와 마찬가지로 느슨한 지역방어에 있었다. 프랑스전에서 허용한 실점이 대표적인 예이다. 이 장면에서는 세 번의 주요 상황이 나왔다. 중앙에서 측면으로 볼이 이동할 때, 측면에서 크로스 패스된 볼이 프랑스의 첫 번째 공격수를 지날 때, 마지막으로 득점자가 볼을 터치하는 순간이 그때이다. 각 상황에서 브라질 수비수들은 인근 지역에 위치한 상대 공격자에게 전혀 밀착하지 않았다. 만약 어느 한 명이라도 상대 공격수의 움직임을 적극 방해해줬다면, 승부차기까지 가는 상황이 굳이 만들어지지 않았을지도 모른다.

둥가의 시대
압박형 4-2-2-2의 시대

테레 산타나 세대(1980~1982, 1985~1986)는 공격적인 경기로 국제무대에서 붐을 일으켰다. 그러나 냉정한 시각을 가지고 있던 자국의 관계자들은 대표 팀이 일대 기로에 서 있다고 내다봤다. 이탈리아, 독일, 아르헨티나 등 라이벌 강국들이 80년대 초반의 과도기를 벗어나 자신들만의 시스템을 완성시켜갔던 반면, 유독 브라질만 전통주의와 현실주의의 대립과 갈등 속에서 갈피를 잡지 못했기 때문이다. 브라질은 보다 분명한 결단이 필요했다. 이상주의로의 회귀냐, 현대화로의 개혁이냐. 86 멕시코 월드컵 이후 지코, 소크라테스 등 주축 선수들의 은퇴 후 현실을 직시한 브라질 축구계는 점차 후자의 방식을 가다듬어갔다.

"대표 선수는 개인기에 덜 의존해야 한다"
"두 명의 수비형 플레이어는 우리 팀의 핵심이다"

코파아메리카 89를 앞두고 '월드컵 드림'의 수장이 된 세바스티앙 라자로니의 이 말들은 당시 대표 팀 운영의 모든 것을 함축한다.

1 라자로니의 3-5-2(3-3-2-2) 시스템(90 이탈리아 월드컵 세대)

☐ 배경

　라자로니는 철저한 현대화론자였다. 그의 팀에서 중심 선수는 화려한 물라토 공격수도, 영특한 백인 플레이메이커도 아닌, 투박한 성향을 가진 백인 수비형 미드필더 카를로스 둥가였다-공격수→공격형 미드필더→수비형 미드필더로 나아가는 키 플레이어의 위치 변화는 브라질 축구의 현대화를 보여주는 대표적인 사례이다-. 그는 당시 브라질 사람들이 가장 미워하던 선수 중 한 명이었다. 거친 태클과 투지를 앞세우는 플레이 성향은 공격적인 경기를 원하는 브라질 사람들에게 환영받기 어려웠다.

　　"기교를 위한 기교는 아무짝에도 쓸모가 없다"

　스타의식을 경계하고 팀의 승리를 위해서는 어떠한 대가라도 치러야 한다는 둥가의 철학은 그간 대표 팀을 이끌어왔던 리더들의 '그것'과 완전히 달랐다. 라자로니 세대에서부터 시작된 둥가 시대의 개막은 곧 전통 브라질 축구의 폐막, 나아가 브라질 축구의 유럽화가 본격화되고 있음을 의미하는 큰 사건이었다.

☐ '시스템' 3-5-2(3-3-2-2) 발현

　세바스티앙 라자로니는 수비 조직력을 강조하는 지도자였다. 하지만 그는 공격에 유리한 전통적인 기반을 부정하지는 않았다. 그가 대표 팀에서 구사한 3-5-2(3-3-2-2) 시스템은 엄밀히 말하자면 개량형 4-2-2-2, 즉 4-2-2-2를 보다 실리화 한 형태였다. 수비를 안정시키기 위해 3-5-2 구조를 빌렸지만, 근본적인 시스템의 틀은 여전히 No.10과 공격형 풀백을 중심으로 하는 기존의 방식에 기인했다.

　변화는 단지 4-2-2-2의 더블 보란치를 싱글 보란치 형태로 전환시키고, 여유 자원 1명을 리베로로 대체한 선에서 이루어졌다(그림 66). 그 중심에 카를로스 둥가가 있었다. 그는 제르손, 바티스타, 세레조, 팔카옹 등 지금껏 팀의 중원을 책임졌던 선수들과는 다르게 미드필드 후방에서 수비에 치중하고 안전한 패스를 추구하는 앵커맨이었다. 또한 그 능력(압박, 태클, 커버 플레이, 낮은 지역에서의 패스 플레이 등)에 특화된 선수였다. 그의 존재는 더블 보란치를 선호해왔던 브라질이 과감하게 싱글 보란치 체제로 전환할 수 있었던 이유이기도 했다(그림 67).

　정리하면 라자로니의 3-5-2(3-3-2-2) 시스템은 2명의 센터 백 앞 포지션에 공수 능력을 두루 갖춘 2명의 중앙 미드필더를 두었던 본래의 구성을, 2명의 스토퍼 앞·뒤에 각각 수비 전문 미드필더와 리베로를 배치하는 방식으로 전환시킨 것이라고 볼 수 있다. 전체적인 시스템의 운영 패턴에 큰 변화를 주지 않으면서도, 그간 지적되었던 수비에서의 문제점들(상대의 주득점원에 대한 느슨한 대인마크, 단단하지 못한 미드필드 저지선, 수비라인의 위험 공간에 대한 커버 플레이 부재 등)을 꼼꼼하게 헤아린 조치였다고 평가된다.

　수비진의 보강은 공격진 구성에도 긍정적인 영향을 끼쳤다. 라자로니는 두터워진 수비진을 토대로 윙백의 오버래핑을 활성화하고, 미드필드 1선의 공격력을 더욱 강화했다(No.10성향의 미드필더 2명 배치) (그림 68).

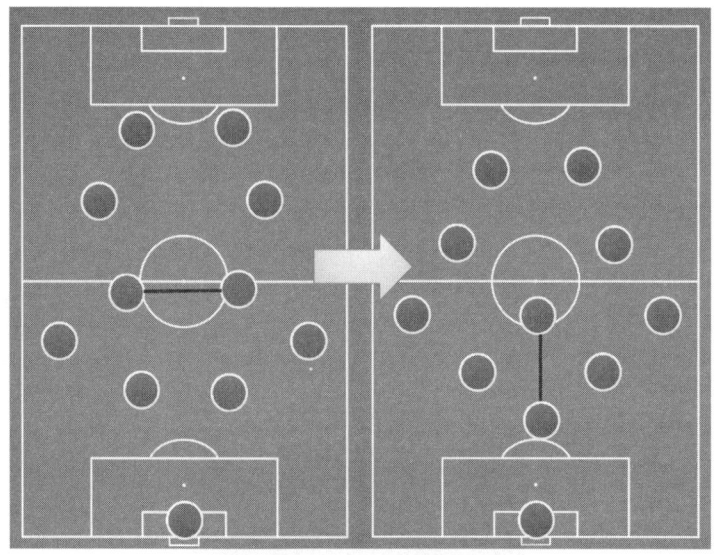

▲ (그림 66) 4-2-2-2→3-5-2(3-3-2-2)

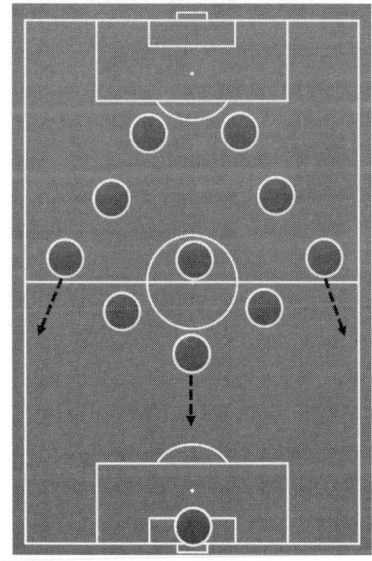

▲ (그림 67) 라자로니호의 시스템 - 수비 전환 시 -

1) 압박

수비 전환 시에는 양측 윙백과 앵커맨이 미드필드 2선에서 중원 압박의 기준을 잡아주고(압박의 위치 및 타이밍 설정), 미드필드 1선이 다소간 아래 지역으로 내려와 윙백-앵커맨 사이의 공간을 메웠다. 최종 수비수의 수가 적은 만큼, 가급적이면 2선에서 상대의 공격을 차단하기 위해 미드필더들이 움직임의 폭을 넓게 가져갔다.

2) 문전 수비

압박에 실패하면 리베로가 배후로 깊숙이 물러서서 골 에어리어 부근을 사수했다. 문전 수비 때는 주로 대인방어를 펼쳤으며, 오프사이드 트랩은 거의 쓰지 않았다.

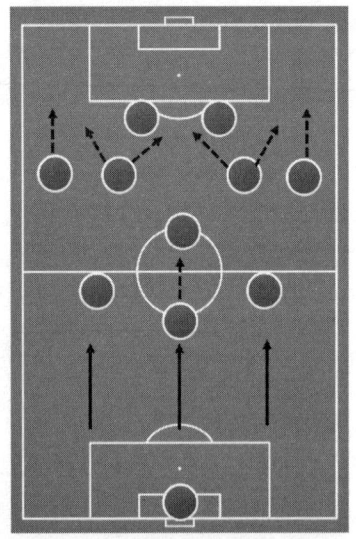

▲ (그림 68) 라자로니호의 시스템 - 공격 시 -

1) 중앙 침투 : No.10 성향을 가진 두 선수 중 시야가 넓은 실라스가 1선을 뒷받침해주고, 스피드가 있는 바우두가 전방으로 진입하여 2스트라이커와 협력하는 방식을 취했다. 그리고 공격의 너비 확보를 위해 이들 중 1명이 종종 터치라인 부근으로 이동하여 돌파를 시도하기도 했다.

2) 측면 침투 : 측면 돌파는 윙백이 담당했다. 그들은 중앙 공격진이 상대 수비의

폭을 안쪽으로 좁히는 사이, 측면 공간으로 침투하여 크로스 패스 상황을 만들었다. 때때로 미드필드 1선 플레이어가 터치라인 부근으로 이동하여 돌파를 시도할 때에는 배후에서 이를 받쳐주었다.

요점정리

1) 4-2-2-2를 개량하여 3-5-2(3-3-2-2)의 포맷에 맞춤.
   - 3-5-2의 수비적인 성향과 4-2-2-2의 공격적인 성향을 조화시켜 수비와 공격의 밸런스를 구축하고자 함.
   - 3-5-2와 4-2-2-2가 가진 공통점(측면 수비수의 공격화, 공격진의 중앙밀집화)이 이론상으로 상호 간의 보완을 가능하게 만든 요인이 됨.
2) 싱글 보란치와 리베로를 중심으로 압박의 틀을 형성.
3) 수비 강화를 통해 공격수들의 활발한 움직임을 유도함.
   - 윙백의 공격 성향 강화.
   - 미드필드 1선에 No.10 성향의 공격 자원 2명 배치.

❏ 시험대에 오른 라자로니의 3-5-2(3-3-2-2) 시스템

홈에서 벌어진 코파아메리카 89는 월드컵 체제로 돌입한 대표 팀의 첫 시험무대였다. 당연하게도 자국민들의 관심이 뜨거웠다. 우승도 우승이지만, 라자로니의 새 시스템이 피치 위에서 얼마나 성공적으로 구현되어질 수 있을 것인가 여부에 시선이 많이 갔다. 물론 첫술에 배가 부를 수는 없었다. 출범한지 한 달 밖에 되지 않았던 만큼, 그들에게서 완성된 조직력을 기대하는 것은 무리였다. 단, 그가 추구하는 방향이 틀리지 않다는 것만큼은 대회를 치르면서 증명해 낼 필요가 있었다(그림 69).

▲ (그림 69) 브라질 코파아메리카 89 당시 브라질 포메이션

①- 타파렐 ②- 마지뉴 ③- M.가우방 ⑤- 브랑코 ⑥- R.고메즈(C) ⑦- 베베투 ⑨- 바우두 ⑪- 호마리우 ⑭- 아우다이르 ⑰- 둥가 ⑳- 실라스

라자로니호는 가파르게 순항했다. 조별예선에서는 잠깐 주춤하기도 했으나, 결선리그부터 전력이 안정되면서 무난히 1위를 수성했다(7전 5승 2무 11득점 1실점). 70 멕시코 월드컵 이후 19년 만에 차지한 메이저 대회 우승이었다. 코파아메리카에서는 브라질 코파아메리카 49 우승 이후 40년 만에 되찾은 영광이었다. 신예 스트라이커 호마리우와 베베투가 인상 깊은 데뷔전을 치렀고, 수비진이 7경기 동안 1점밖에 내주지 않았다는 점에서 내용면에서도 합격이었다.

하지만 모든 게 만족스러웠던 것은 아니다. 표면상으로 나타난 문제는 미드필드 1선의 저조한 공격력이었다. 팀의 2선 공격은 바우두-실라스의 몫이었다. 이들에게 라자로니가 바란 것은 1선으로 전해지는 킬러 패스와 포워드진과의 긴밀한 협력 플레이였다. 그러나 둘의 활동 위치는 1선의 인접 지점이 아닌, 미드필드 1선의 후방과 미드필드 2선(즉 둥가의 라인)에 치우쳤다.

상대의 압박을 견디지 못한 두 선수의 개인능력 탓도 있었지만, 그보다는 둥가의 주변에 생성된 공간이 더 큰 문제였다. 둥가는 시스템의 구조상, 미드필드 후방에서 압박의 저지선과 빌드 업의 전개 과정을 혼자의 힘으로 이끌어 나가야 했다. 상대의 집중 견제에 고립되기 쉬운 여건에서 경기를 진행한 것이다. 따라서 둥가의 배후 지역이 공략 당했을 때에 대비하여 리베로가 더욱 더 스토퍼 등 뒤에서의 활동에 치중해야 했다. 이는 공수 간격이 벌어진 원인이 되었으며(그림 70), 필연적으로 미드필드진의 체력 확보를 위해 미드필드 1선을 희생시켜야 하는 사태를 야기했다(그림 71) (그림 72). 팀이 기록한 11득점 중 미드필드 1선의 주도 하에 나온 골이 거의 없었던 것도 사실상 이 때문이었다(바우두 7경기 출장 0골 1어시스트, 실라스 7경기 출장 0골 1어시스트).

▲ (그림 70) 조별예선 베네수엘라 전 실점 장면

수비 전환 시 미드필드 2선의 방어선이 뚫리면서, 순간 미드필드 중앙에 많은 공간이 발생했다. 베네수엘라 미드필더 3명이 이 공간을 잽싸게 사수하자, 3백 중 1명이 골 에어리어 구역으로 급히 내려가 위기에 대처하려 했다. 이로 인해 오프사이드 공간이 완전히 소멸돼 버렸다. 1차 수비 형성에 불리한 스토퍼-리베로 체제의 전형적인 단점이 드러난 상황이었다.

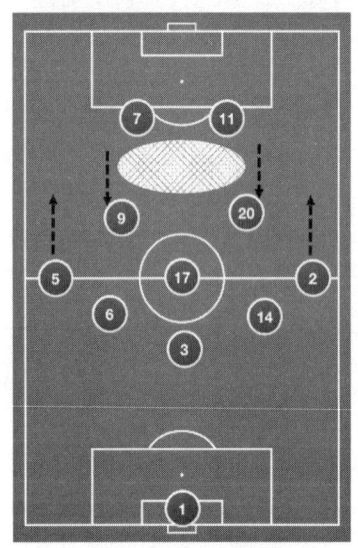

▲ (그림 71) 공격 시 문제점

볼을 소유한 둥가가 상대 미드필드진의 협력 수비에 갇히게 될 때, 미드필드 1선의 바우두와 실라스가 항상 뒤로 이동하여 패스 루트를 확보해줘야 했다. 이로써 1선과 미드필드 1선 사이의 간격이 자주 벌어졌다.

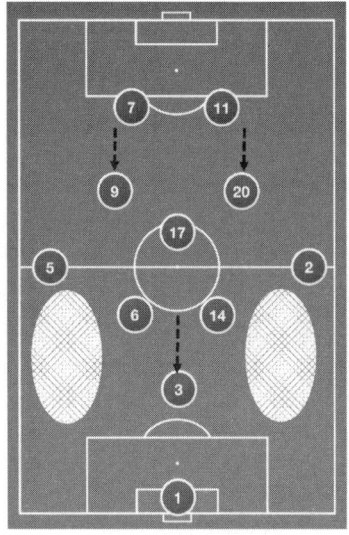

▲ (그림 72) 수비 시 문제점

수비 전환 시 윙백 브랑코-조르지뉴의 배후 구역과 앵커맨 둥가의 주변에서 발생하는 공간을 커버하기 위해 리베로가 뒤로 깊숙이 이동하여 수비 위치를 잡아야 했다. 이는 곧 미드필드 2선과 3선의 간격 유지를 어렵게 만든 원인이 되었다.

중앙 돌파가 침체되면서, 팀의 공격은 주로 윙백의 오버래핑에 의지하게 되었다. 실제로 브라질이 기록한 11득점 중 6득점이 측면 돌파에 이은 크로스 패스에 의해 나온 것이었다. 그 중 다수가 팀의 승리에 영향을 준 중요한 골이었다(그림 73) (그림 74) (그림 75). 그러나 기교파인 베베투(177cm)와 호마리우(169cm)를 1선에 두고 롱 패스 위주로 공격을 풀어나가는 것은 분명히 좋은 현상이 아니었다. 건장한 체격의 유럽 수비수들을 상대로는 이 패턴이 통하기 어렵다는 점에서다-물론 베베투-호마리우가 몸싸움과 헤더가 약한 선수들은 아니었다. 다만, 적진에서 꾸준히 롱 볼을 처리해주기에는 신체적인 한계가 명확했다-. 월드컵 우승의 성패는 사실상 유럽 강호들과의 대결에서 결정된다. 따라서 이것은 반드시 극복해야 할 사항이었다.

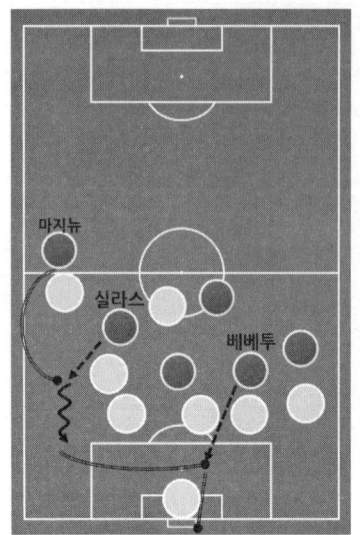

마지뉴로부터 침투 패스를 받은 실라스는 1선의 우측 터치라인 부근에서 크로스 패스를 시도했다. 이를 베베투가 골 에어리어 부근에서 헤더 슛으로 연결하며 선제 득점을 기록했다.

▲ (그림 73) 결선리그 2라운드 파라과이전 베베투의 선제점 장면 분석

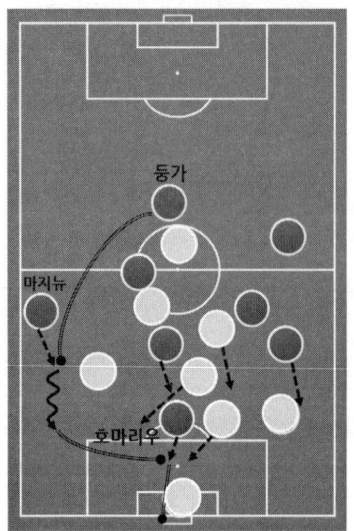

우측면의 터치라인을 따라 쇄도하던 마지뉴가 문전으로 낮고 빠른 크로스 패스를 시도했다. 상대 센터 백과의 경합에서 이겨낸 호마리우가 이 볼을 골문으로 가볍게 밀어 넣었다.

▲ (그림 74) 결선리그 2라운드 파라과이전 호마리우의 득점 장면 분석

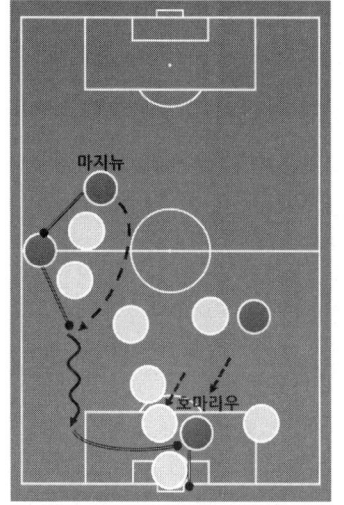

마지뉴가 중앙 미드필더와의 2대 1 패스를 통해 측면 돌파에 성공한 후 호마리우를 겨냥하여 크로스 패스를 시도했다. 니어포스트 쪽으로 진입하던 호마리우는 볼의 방향을 살짝 바꿔놓는 재치 있는 헤더 슛으로 득점에 성공했다.

▲ (그림 75) 결선리그 3라운드 우루과이 전 결승골 장면 분석

요점정리

1) 코파아메리카 89에서 3-5-2 시스템의 약점이 발견됨.
2) 3-5-2 시스템의 중앙 미드필드진, 즉 카를로스 둥가의 주변에 나타나는 공간을 메우기 위해 동료 미드필더들의 활동 부담이 증가함.
3) 미드필드 1선의 수비적인 희생이 불가피해지면서 공격 1선-2선 사이의 연결 고리가 자주 단절됨. 이 결과 어울리지 않는 롱 볼 패턴이 팀 공격의 주를 이루게 됨.

❏ 실패로 귀결된 첫 현대화

라자로니는 월드컵이 다가오자 공격진의 운영 방식을 두고 고민에 빠졌다. 크게 두 개의 플랜 사이에서 고심했다. 하나는 베베투-호마리우-바우두-실라스가 조화를 이루는 기존의 구성, 다른 하나는 베베투-호마리우-실라스의 자리에 86 멕시코 월드컵에서 활약했던 카레카-뮬러-알레망을 배치하는 구성이었다.

후자는 둥가의 주변에 나타나는 공간을 의식한 것이었다. 알레망은 체력과 수비력이 돋보이는 박스 투 박스 미드필더로 공격성이 짙은 실라스에 비해 둥가의 조력자로 적합했다-알레망이 선발 출장할 경우에는 No.10 2명 중 알레망과 역할 및 동선이 겹치는 실라스가 베스트 11에서 제외되었다-. 그가 미드필드 2선으로 내려가 둥가를 지원하게 되면, No.10 바우두가 공격에 더 많이 관여할 수 있게 된다. 그러나 수비 전환 시, 중앙 미드필더 3명이 2선의 전역을 커버해야 하는 시스템 환경에서, 바우두도 기본적으로는 2선의 전후방을 부지런히 오가며 수비 역할을 해줘야 했다. 기술 축구를 위한 여건이 여전히 조성되기 어려웠다는 말이다. 결국 1선의 파워와 높이를 보강하여 롱 볼에 의한 공격(즉 체력전에 어울리는 공격)을 부각시킬 필요가 있었다. 베베투(177cm)-호마리우(169cm)가 아닌, 카레카(183cm)-뮬러(179cm)가 최전방에 서야 했던 이유였다.

갈수록 후자의 방식이 메인 시스템으로 자리 잡아갔다. 이는 곧 라자로니가 앵커맨과 리베로를 축으로 한 3-5-2 시스템을 굳게 신뢰하고 있었다는 것을 의미했다. 그는 이 시스템이 요구하는 것이라면 어떤 것도 감수해나갔다. 당시 브라질 최고의 테크니션이던 호마리우와 실라스가 라자로니의 시스템 하에서는 벤치 신세를 져야 했을 정도였다. 브라질 국민들은 본래의 강점을 살리기보다 단점을 가리는 데 급급해한 라자로니의 소극적인 팀 운영에 크게 실망했다(그림 76).

▲ (그림 76) 90 이탈리아 월드컵 당시 브라질 포메이션

①- 타파렐 ②- 조르지뉴 ③- R.고메즈(C) ④- 둥가 ⑤- 알레망 ⑥- 브랑코 ⑧- 바우두 ⑨- 카레카 ⑮- 뮬러 ⑲- R.호차 ㉑- M.가우방

베베투-호마리우-실라스의 자리를 각각 카레카-뮬러-알레망이 대신하면서 위의 전형이 완성되었다. 베베투-호마리우는 파워와 높이의 열세로, 실라스는 수비력과 활동량 부족으로 베스트 11에서 밀려났다.

미드필드 운영에 스테미나를 더하고자 한 위의 시도는 결과적으로 나쁜 경기 내용을 초래했다. 알레망이 미드필드 1-2선을 부지런하게 오가며 고군분투했지만, 앵커맨 둥가가 압박에 나설 때, 그 배후를 즉시 커버해 줄 조력자가 없다는 구조의 한계를 메우지는 못했다. 결국 라자로니호는 미드필드와 수비 사이에 큰 문제를 안고 월드컵에 나서야 했다.

둥가가 조금이라도 압박을 받으면 공-수 밸런스는 그때마다 쉽게 흔들렸다. 전술의 축인 센터라인 플레이어(No.9, No.10, 앵커맨, 리베로)가 아니라, 윙백이 미드필드 운영과 찬스 메이킹에 주도적으로 관여해야 했을 만큼 정상적인 경기를 펼치기가 어려웠다. 비교적 약한 조에 속해 무난하게 16강에 안착하기는 했으나(스코틀랜드, 스웨덴, 코스타리카와 함께 C조에 편성되어 3전 전승 4득점 2실점으로 조 1위를 차지함), 경기력은 우승후보 수준과 거리가 있었다.

아르헨티나와의 16강전에서도 부진이 이어졌다. 초반부터 경기의 주도권을 잡아나갔음에도 불구하고 1선과 2선 공격진의 부진으로 헛심만 썼다. 그러다가 상대의 역습 한방에 무너지고 말았다. 브라질의 발목을 잡은 건 그간 문제로 지적되어왔던 미드필드진-수비진 사이의 넓은 간격이었다. 후반 37분, 마라도나의 개인 돌파에 둥가의 저지선이 뚫리자, 당황한 3백이 급히 뒤로 물러서다가 실점 위기를 자초했다(그림 77). 결국 0-1로 패한 브라질은 고국 팬들의 살벌한 비난 속에 귀국길에 올랐다. 이로써 첫 번째 현대화는 실패로 귀결되었다.

Soccer Tactics

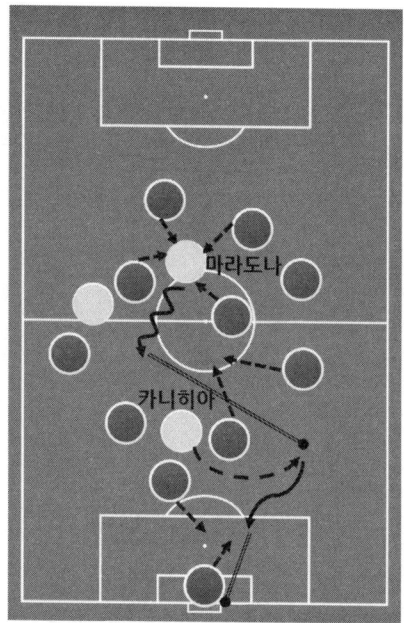

▲ (그림 77) 16강 아르헨티나전 실점 상황 분석

요점정리

1) 미드필드진의 활동성을 확보하기 위해 No.10 실라스를 박스 투 박스 미드필더 알레망으로 대체함.
2) 공격진의 파워를 보강하고자 베베투-호마리우의 자리에 각각 카레카-뮬러를 기용함.
3) 이질적인 성향(선이 굵은 유럽식 스타일)에 억지로 맞춰가다가 목표 실현에 실패함. 동시에 기존의 색깔마저 잃어버림.
4) 66 잉글랜드 월드컵 이래 가장 좋지 못한 경기 내용을 선보이며 16강에서 탈락함.

2 카를로스 페레이라의 4-2-2-2 시스템(94 미국 월드컵 세대)

☐ 배경

 90 이탈리아 월드컵 이후, 세바스티앙 라자로니는 자국에서 무직자 신세가 되었다-그는 2년 후 이탈리아의 피렌체에서 간신히 일자리를 얻어 축구 인생을 이어갈 수 있었다-. 카를로스 둥가는 조용히 대표 팀에서 퇴출당했다. 또한 브라질의 성난 여론은 강제로 팀을 과거로 회귀시키려 했다. 그 바람에 못 이겨 브라질 축구계는 82 스페인 월드컵의 히어로 호베르투 팔카웅을 중심으로 조가 보니뚜(Joga Bonito, 자유분방한 브라질식 공격 축구를 일컫는 말)의 부활을 꾀했다. 그러나 수비 불안, 공-수 밸런스의 붕괴로 위력을 상실한 공격력은 갈수록 팀을 수렁에 빠뜨렸다. 코파아메리카 91에서 색깔 없는 경기 운영으로 혼쭐이 난 팔카웅 체제는 출범 1년 만에 막을 내리고 말았다. 대표 팀은 현대화론자인 카를로스 페레이라를 필두로 재정비에 들어갔다.

☐ '시스템' 개량형 3-5-2(2-4-2-2)

 페레이라는 '현대화'를 팀 운영의 목표로 내세웠다. 그리고 둥가를 팀에 복귀시켰으며, 지난 월드컵에서 라자로니 세대가 썼던 3-5-2(3-3-2-2) 시스템을 수용했다. 측면 수비수의 공격성과 공격진의 중앙 밀집성이 강한 브라질 축구의 특성을 수비의 안정을 토대로 이끌어내는데 있어, 3-5-2는 나쁘지 않은 포맷이었다. 지난 월드컵 세대의 실패 역시 3-5-2 자체가 문제가 된 것이라기보다는, 라자로니 호가 유럽에서 쓰이는 3-5-2의 운영 방식에 너무 맞춰가려고 한 것에서 비롯되었다고 봐야 한다. 페레이라는 지난 세대의 실패를 거울삼아 3-5-2를 브라질식으로 변형하면 충분히 효과를 낼 수 있을 것이라고 내다봤다.
 발상의 초점은 3-5-2에서 앵커맨 둥가와 리베로 사이에 존재했던 공간을 커버하는 데 맞추어졌다. 이를 위해 스토퍼 체제를 센터 백 체제로 되돌리고, 리베로를 센터 백 앞 포지션에 배치하는 독특한 포진을 선보였다. 역삼각 형태였던 기존의 3백을 삼각 형태의 3백으로 변환시키면서 앵커맨과 리베로가 긴밀하게 협력하도록 조치한 것이 특징이다(그림 78).

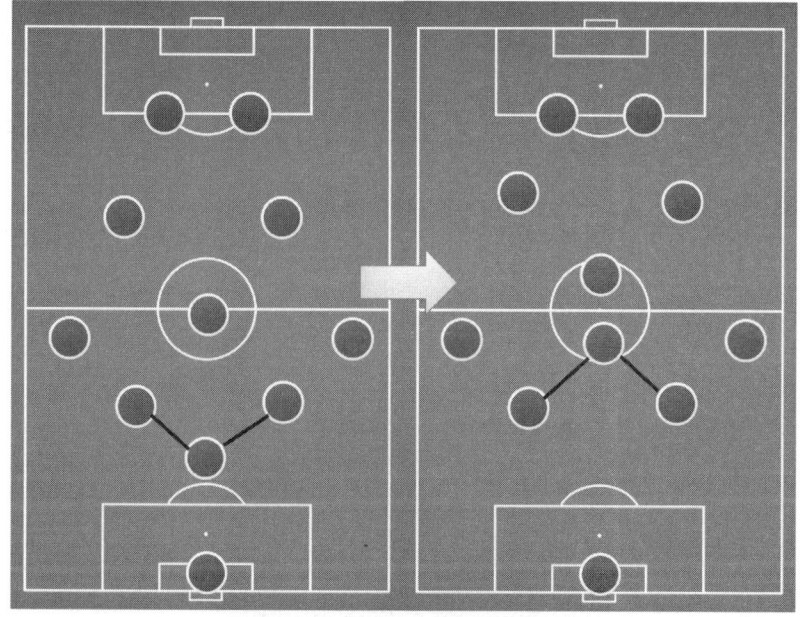

▲ (그림 78) 3-5-2(3-3-2-2)→개량형 3-5-2(4-2-2-2)

페레이라호의 개량형 3-5-2는 전통적인 4-2-2-2의 형태를 띤다. 하지만 이전까지의 4-2-2-2와는 조금 다르게 운영되었다. 더블 보란치의 운영 방식에서 차이가 있었다. 과거에는 활동 반경이 넓고 기술적으로 뛰어난 2명의 중앙 미드필더가 공-수 운영의 컨트롤 타워 역할을 했다면, 당시에는 강력한 수비력을 가진 1명의 앵커맨과 1명의 포어-리베로가 압박 대형 형성에 더 비중을 두고 경기를 운영했다. 그리고 미드필드 1선 구성원 중 최소 1명이 미드필드진의 전후방을 오가면서 미드필드 2선의 공-수 운영을 지원했다. 이 방식은 훗날 현대화론자들이 가장 선호하는 시스템 운영체계로 자리매김하게 된다.

수비 시, 미드필드 2선-4백의 운영 방식은 다음과 같았다. 앵커맨이 상대 빌드 업의 패스 거점(2선의 중앙)을 압박하면, 즉시 포어-리베로가 앵커맨의 주변 공간(앵커맨의 좌우, 혹은 배후에 나타나는 위험 공간)을 차단한다. 이로써 상대의 공격이 미드필드에서 지연되면, 그 틈에 반원 형태로 대열을 갖춘 4백이 전진 배치하여 압박 저지선을 지원한다(그림 79).

이와 같은 수비 운영 방법은 2선-3선 사이의 플레이 가능 공간을 좁게 유지하면서 파워풀한 유럽 공격수들의 활동 반경을 제한하는데 힘을 발휘했다. 나아가 비교적 높은 라인에 자리 잡은 밀도 높은 중원은 빌드 업 과정에서 특유의 패스워크를 살리는 데 있어서도 톡톡한 효과를 냈다.

즉 수비 방식의 변화, 특히 리베로의 위치 변화가 현대화론의 바탕(압박과 수비, 스피디한 역습)에 전통주의가 추구하는 주요 덕목(창의적이고 섬세한 공격 운영) 중 일부를 정확하게 공존시킨 것이다.

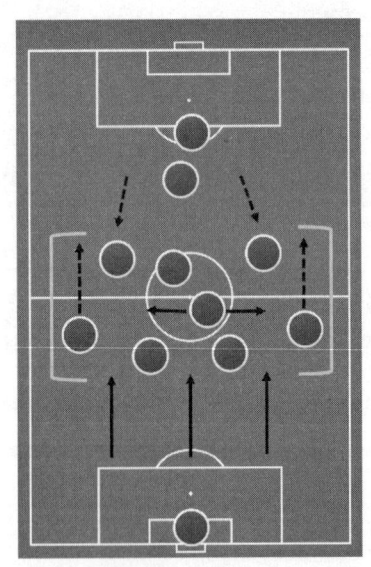

▲ (그림 79) 페레이라호의 압박→역습 시스템 도면

1) 압박

공격형 미드필더-앵커맨-No.10이 좌-우로 늘어서서 압박 저지선을 형성하고, 4백이 전진배치하여 이를 지원하는 형태를 보였다. 그리고 포어-리베로가 미드필드 저지선-4백 사이의 빈 공간을 차단하며 압박의 순도를 높였다. 반면 2스트라이커는 수비에 가담하지 않고 전방에서 역습을 위해 대기했다.

2) 역습

센터 포워드가 좌-우로 활발히 이동하며 상대 센터 백들의 마크 범위를 분산시키면, 그 틈을 처진 포워드가 파고드는 방식을 취했다. 빌드 업은 앵커맨, 전방을 겨냥한 침투 패스 및 공간 패스는 No.10의 주도 하에 시행되었다.

압박 저지선이 상대의 공격을 막아서지 못할 시에는 포어-리베로가 센터백 라인으로 내려가 수비 위치를 잡았다-포어-리베로의 위치 변화에 따라 팀의 전형은 4-2-2-2와 3-5-2(3-3-2-2, 5-1-2-2)를 유연하게 오갔다-. 단 센터 백 뒤로는 이동하지 않았다. 수비라인의 후퇴 빈도를 낮추어 미드필드진을 탄탄히 유지하기 위해서였다. 수비 중심으로 경기를 운영하되, 중원과 전방에서의 경쟁력도 최대한 끌어내려 했던 페레이라의 전술적인 노력이 엿보이는 대목이다(그림 80).

▲ (그림 80) 94 미국 월드컵 당시 브라질 포메이션- 조별예선 -

①- 타파렐 ②- 조르지뉴 ③- M.실바 ④- 브랑코 ⑦- 베베투 ⑧- 둥가 ⑨- 지뉴 ⑩- 하이(C) ⑪- 호마리우 ⑬- 아우다이르 ⑮- M.산토스

요점정리

1) 스토퍼 체제(대인방어 체제)→센터 백 체제(지역방어 체제)로 전환.
2) 리베로가 센터 백의 앞 포지션에서 앵커맨으로 적극적으로 지원하며 미드필드-수비 사이의 모든 공간을 차단함.
3) 결과적으로 미드필드 운영에 역동성이 배가되고, 수비라인의 후퇴 빈도가 낮아짐. 선 압박 후 역습을 위한 토대가 형성됨.

❏ No.10 딜레마

페레이라 호는 3-5-2(3-3-2-2)와 4-2-2-2의 주 요소를 조화시켜 압박과 역습의 근간을 체계적으로 닦았다. 하지만 한 가지가 부족했다. 미드필드 지역에 전문적인 측면 플레이어가 없었다는 점이 그것이었다. 이는 팀이 압박을 진행할 때, 상대 빌드 업에 대한 견제를 어렵게 만든 요인이 되었다(그림 81).

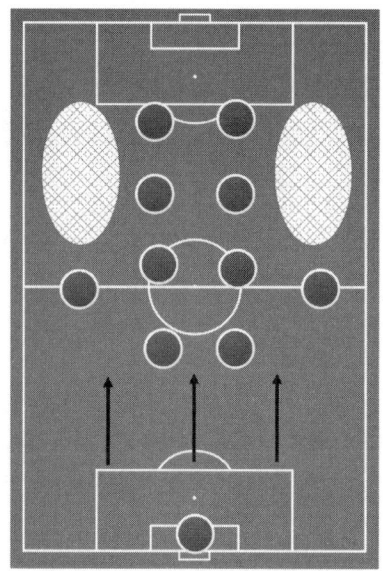

▲ (그림 81) 압박 시, 4-2-2-2의 구조적인 한계성

> 미드필드진의 측면에 넓게 생성되는 공간으로 인해 상대의 빌드 업을 꼼꼼하게 견제하기가 어렵다. 만일 경기 중 이러한 약점이 부각될 경우, 팀의 경기 운영은 '수비 불안→풀백의 활동성 정체→공격의 너비 확보 실패→중앙 공격진의 고립'으로 이어지는 악순환의 늪에 빠질 공산이 높아진다. 이를 방지하려면 미드필드 1선에 위치하는 선수들이 수비적으로 공헌해야 한다. 화려함의 상징이었던 No.10에게 요구되는 전술 사항이 '창의성' '공격성'이 아닌, '수비'와 '태클'에 맞춰져야 한다는 것이다.

자연히 미드필드 1선의 역할 설정이 화두로 떠올랐다. 당시 브라질의 미드필드 1선은 No.10 하이와 수비 기여도가 높은 공격형 미드필더(No.10의 조력자) 지뉴가 맡았는데, 이 중 하이는 가진 기량에 비해 팀 전술과 능히

융화되지 못했다. 압박 블록 형성, 전진 수비, 신속한 역습을 중요시하는 페레이라의 전술 운영에서 No.10은 스타일상 어울리지 않았다. 그러나 미드필드진의 유일한 찬스 메이커인 No.10은 1선과 2선 사이의 연결선을 구축하는 데 있어서 결코 뺄 수 없는 존재이기도 했다.

물론 페레이라는 깊이 고민하지 않았다. 앵커맨 둥가와 포어-리베로 마우루 실바의 수비력을 앞세워 위의 문제를 상당부분 커버해 나갈 수 있었으므로, 굳이 No.10을 제외하여 공격 균형에 흠을 낼 필요가 없었던 까닭이다. 소크라테스의 친 동생으로 유명했던 상파울루FC의 레전드 하이는 팀의 No.10으로서 굳건히 자신의 자리를 지켰다. 심지어 월드컵 대표 팀의 주장으로 선임되는 등 페레이라 감독의 무한한 신뢰를 받았다.

하지만 본선이 시작되자 하이의 컨디션 난조가 두드러졌다. 이는 시스템 구조의 불안 요인들을 더욱 들쑤셨다. 고민을 거듭하던 페레이라 감독은 토너먼트 전을 앞두고 그를 베스트 11에서 제외했다. 대신 수비력과 체력이 뛰어난 멀티 플레이어 마지뉴를 그의 대체자로 선발 기용했다. 또한 새로운 캡틴으로 앵커맨 카를로스 둥가를 임명했다. 공격성을 배제하고 전술 포인트를 '압박'에 집약시킨 조치였다(그림 82).

결과적으로 페레이라의 이 선택은 좋은 방향으로 팀을 이끌었다. 마지뉴가 가세한 미드필드 1선이 2선의 측면을 꼼꼼하게 커버해주면서, 앵커맨-포어 리베로를 축으로 한 압박 전술은 완전체가 되었다. 견고한 수비 블록, 빈틈없는 중원 압박, 2선에서의 정교한 패스워크, 순도 높은 역습 전개 등 수비 운영과 빌드 업 구성에 있어서는 어느 하나 나무랄 데가 없었다-No.10의 부재로 비상이 걸렸던 공격진 운영도 처진 포워드 호마리우의 대활약 속에 별 탈 없이 진행되었다.

브라질은 토너먼트에서 네덜란드, 스웨덴, 이탈리아 등 우승후보들을 차

레로 꺾으며 24년 만에 월드컵 트로피를 차지했다. 과거와 같이 화려한 면모는 없었지만, 대신 기복 없이 '지지 않는 팀'의 진면목을 보여주었다. 24년 간 지속되어 온 전술 고민을 떨쳐낸 순간이었다-당시 페레이라 호는 역대 월드컵 우승국 중 가장 조직력이 뛰어났던 팀 중 하나로 손꼽힌다.

▲ (그림 82) 94 미국 월드컵 당시 브라질 포메이션- 토너먼트 -

①- 타파렐 ②- 조르지뉴 ⑤- M.실바 ⑥- 브랑코 ⑦- 베베투 ⑧- 둥가(C) ⑨- 지뉴
⑰- 마지뉴 ⑪- 호마리우 ⑬- 아우다이르 ⑮- M.산토스

📌 요점정리

1) 4-2-2-2의 구조적인 특성상, 2선의 측면 공간에서 압박 대형의 틈이 노출될 가능성이 높았음.
2) No.10과 압박 시스템 간의 성향 차 극복이 우승 여부를 판가름할 관건으로 대두 됨.
3) 조별예선 내내 No.10 하이가 부진하자 페레이라는 수비 능력이 우수한 마지뉴를 그의

대체자로 기용함.
4) 마지뉴의 가세로 압박 대형이 안정을 찾음. 완벽한 수비 조직력 구축.
5) 압박과 수비의 힘을 앞세워 24년 만에 월드컵 트로피 쟁취.

❏ No.10은 어디에?

페레이라호가 월드컵에서 좋은 경기력을 선보였던 것은 부인하기 어렵다. 하지만 No.10이 대표 팀에서 차지하는 가치와 이를 제외시켜야만 했던 당시 전술적인 경위에 대해서는 결과를 떠나 따져볼 필요가 있었다.

측면 수비수들의 공격력과 개인기가 우수한 공격수들의 플레이 성향을 고려해 볼 때, 그들에게 4-2-2-2(혹은 개량형 3-5-2)는 최적의 전형이다. 그러므로 4-2-2-2 공격의 핵심 포지션인 No.10을 시스템 구도에서 배제시킨 것은 사실상 팀의 정체성을 건 모험수였다.

당시 브라질의 공격은 윙과 No.10을 모두 두지 않는 구도에서 처진 포워드 호마리우의 개인 능력에 의지했다. 다행히 컨디션이 좋았던 호마리우가 No.9로서의 역할과 No.10으로서의 역할을 두루 수행해주면서, 대회 내내 공격진의 균형이 모양새를 유지할 수 있었다(그림 83) (그림 84) (그림 85). 그러나 특정 선수의 개인 능력에 의존하는 시스템 체제가 팀의 기반으로 자리하는 것은 위험한 일이다. 그 한계점은 이탈리아와의 94 미국 월드컵 결승전에서 드러났다.

이탈리아는 2선의 좌우 간격을 좁힌 플랫 4-4-2를 기반으로 압박 전술을 구사했다. 센터 라인의 중심부(미드필드 2선의 중앙)를 장악하는 것이 목표였다. 브라질의 공격진은 이 시스템을 제대로 공략하지 못했다. 1선과 2선 사이의 연결선을 확보하고자 미드필드 1선을 넘나든 호마리우의 움직임이 상대의 압박 블록에 묶인 것이 화근이었다. 이로 인해 1선을 겨냥한 전진 패스의 속도와 정확도가 내려가고, 센터 포워드 베베투가 적진에서 고립되었다. 그들에게는 호마리우를 도와 줄 전문 공격 자원(즉 No.10 자원)의 보강이 필요해 보였다. 그러나 양 팀의 중원이 서로 예민하게 대치하는 경기 분위기에서, 페레이라는 기존의 전형을 유지해 나가려 했다. 결국 무의미한 횡 패스와 공격수들의 무리한 개인 돌파가 팀 공격의 주를 이루었다. 이 양상은 경기 내내 지속되었다(그림 86).

견고한 수비를 앞세워 지지는 않았지만(승부차기까지 가는 접전 끝에 0(4pk3)0 으로 승리), 대표 팀은 No.10이 없는 4-2-2-2의 불안 요인을 이탈리아 전을 통해 절감했다. 동일한 전술을 고수해 나가는 이상, 추후 중요한 경기에서 똑같은 어려움에 처해질 가능성이 높았다. 압박 4-2-2-2의 No.10 딜레마. 이는 차기 주자들이 반드시 풀어야 할 과제로 남았다.

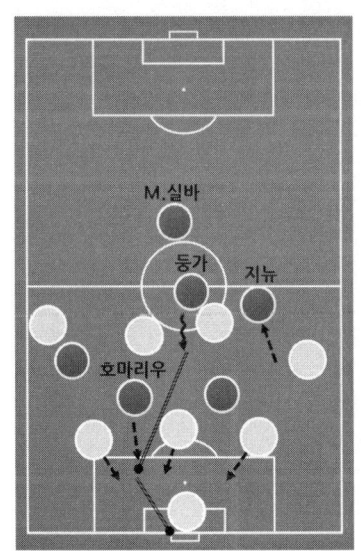

▲ (그림 83) 조별예선 카메룬 전 호마리우의 선제 골 상황 분석

앵커맨 둥가가 상대의 공격을 하프 라인 부근에서 끊어낸 후, 적진의 배후로 진입하는 호마리우에게 볼을 넘겨주며 득점 기회를 만들어내는 상황이나. 공격형 미드빌더 지뉴가 왼쪽 미드필드 지역을 커버하면서 상대 중앙 미드필더의 패스 루트를 봉쇄한 것이 둥가의 인터셉트를 이끌어 낸 원동력이었다.

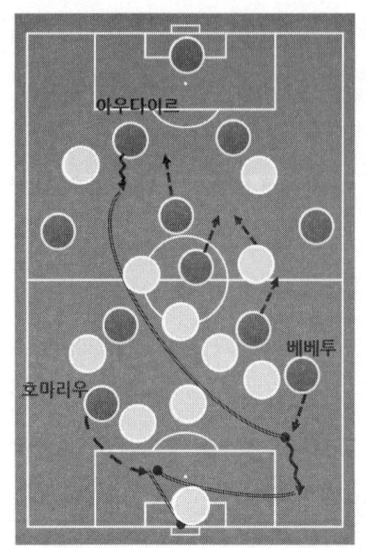

네덜란드 미드필더의 패스를 가로챈 센터 백 아우다이르가 왼쪽 공간을 열고 1선으로 진입하던 베베투에게 롱 패스를 시도했다. 볼을 받은 베베투는 날카로운 왼발 크로스 패스로 문전 쇄도하던 호마리우에게 득점 기회를 만들어주었다.

▲ (그림 84) 8강 네덜란드전 호마리우의 선제 골 상황 분석

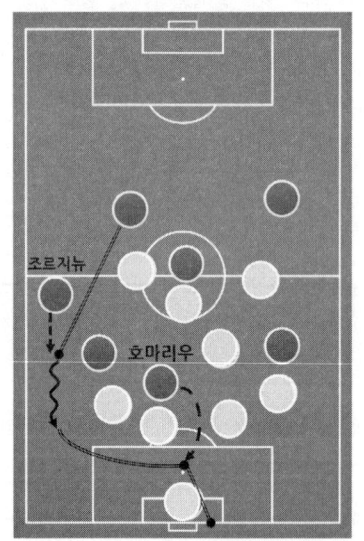

스웨덴의 수비 블록이 브라질의 중앙 공격진을 의식하는 틈에 우측 터치라인 부근에 공간이 열렸다. 이 공간을 신속히 장악한 오른쪽 풀백 조르지뉴의 오버래핑 능력과 장신 수비수의 틈에서 슛 포지션을 사수한 호마리우의 기민한 움직임이 돋보인 상황이었다.

▲ (그림 85) 4강 스웨덴전 호마리우의 선제 골 상황 분석

Soccer Tactics

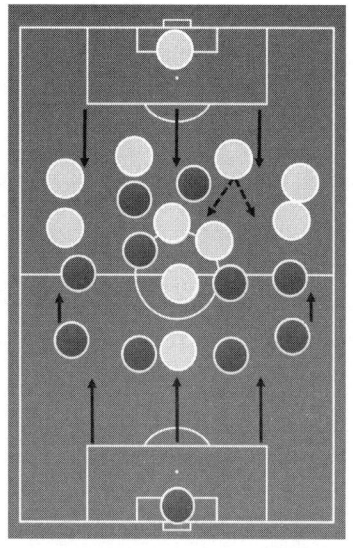

1선과 미드필드 1선을 수시로 넘나 든 '에이스' 호마리우가 상대의 수비 블록에 갇히며 고전했다. 주변에서 그를 도와줄 창조적인 공격 자원 (No.10 자원)이 부족한 가운데, 결국 그는 개인 능력으로 난관에 맞서야 했다. 이는 2중-3중으로 진을 친 상대 수비벽의 표적이 되었으며, 동시에 센터 포워드 베베투의 고립을 심화시킨 원인이 되고 말았다.

▲ (그림 86) '결승전 브라질 vs 이탈리아 전술 대치 구도

요점정리

1) No.10의 부재로 찬스 메이커 없이 공격을 진행해야 하는 입장에 놓임.
2) 미드필드 1선을 거치지 않고 진행되는 공격의 빈도가 높아짐.
3) 처진 포워드 호마리우가 1-2선을 쉴 새 없이 오가며 개인 능력으로 문제를 극복해 나가야 했음.
4) 결승전에서 이탈리아의 중원 압박에 처진 포워드 호마리우의 움직임이 경직되면서 공격 자원들의 전방 활동이 약화됨.
5) 승부차기 끝에 우승을 차지하기는 했으나, No.10이 제외된 압박 4-2-2-2는 대회 후 재고의 대상이 됨.

3 마리우 자갈루의 4-2-2-2 시스템(98 프랑스 월드컵 세대)

☐ 배경

　페레이라 감독은 대표 팀의 오랜 숙원이었던 월드컵 우승을 이뤄냈음에도 불구하고, 대회 후 자국 언론들로부터 거센 질타를 받았다. No.10 하이의 부진에 대한 대안으로 뮬러, 파울로 세르지오, 비올라 같은 포워드가 아닌, 조별예선에서 미드필드 2선의 대체 자원으로 활약했던 마지뉴를 선택한 것이 비판의 요지였다. 그들은 페레이라를 납득하기 어려운 전술 변화로 팀을 위기에 빠뜨린 역적으로 몰아갔다. 반대로 우승의 주역인 호마리우를 팀을 수렁에서 건져낸 영웅으로 추대했다.

　윙을 두지 않는 4-2-2-2 시스템에서 No.10은 팀 공격의 핵심이다. 더구나 브라질은 매 세대 세계 수준의 No.10을 배출하는 국가이기도 하다. 따라서 팀이 4-2-2-2 시스템을 고수해 나가는 이상, No.10의 재기용은 불가피한 수순이었다. 마리우 자갈루를 필두로 새 시대를 맞이한 대표 팀이 위의 딜레마를 어떻게 풀 것인가 여부는 90년대 중반에 브라질 축구계를 뜨겁게 달군 이슈였다.

☐ '시스템' No.10이 가세한 압박 4-2-2-2

　자갈루 감독은 지난 세대가 다져놓은 시스템을 수용했다. 둥가를 필두로 한 건실한 더블 보란치는 여전히 팀에서 유효한 카드로 활용되었다. 중원 압박과 역습을 중시하는 시스템의 운영 방식 역시 탄탄한 입지를 보였다. 대신 그는 No.10이 4-2-2-2의 미드필드 1선에서 다시 자기 위치를 찾길 바랐다. 주니뉴 파울리스타, 히바우두, 데니우손, 자우미냐 등 세계 정상급 No.10들이 포진한 진용으로 미루어 봤을 때, 당연한 행보였다(그림 87).

▲ (그림 87) 97년 당시 브라질 베스트 포메이션

①- 타파렐 ②- 카푸 ③ 아우다이르 ④- J.바이아누 ⑤- M.실바 ⑥- R.카를로스 ⑧- 둥가(C) ⑨- 호나우두 ⑩- 레오나르두 ⑪- 호마리우 ⑳- 데니우손

하지만 No.10을 둠으로써 발생하는 결점들은 해결안을 찾지 못한 채 방치되었다. 결국 중원 압박과 수비의 허술한 균형이 팀의 고질적인 문제로 부상했다. No.10이 2스트라이커의 뒤로 바짝 접근할 때, 넓게 생성되는 좌측 공간이 문제의 핵심이었다. 특히 왼쪽 풀백 호베르투 카를로스가 공격에 가담했다가 볼을 빼앗겼을 때는 위험도가 급속히 높아졌다. 센터 백 주니오르 바이아누의 부진으로 4백의 전력이 온전하지 못한 처지에서, 이 문제는 이전 세대에 비해 더욱 부각되었다.

물론 자갈루가 위의 약점을 의식하지 않은 것은 아니다. 다만 문제 해결에 대한 접근 방식이 너무 단순했다. 그는 No.10과 왼쪽 풀백 주변에서 즉시 반응할 수 있는 미드필더가 카를로스 둥가라는 점에 많은 기대를 걸었다. 즉 둥가의 개인 능력과 리더십을 앞세워 단점에 대응해 나가려는 것이다(그림 88)〔그림 89).

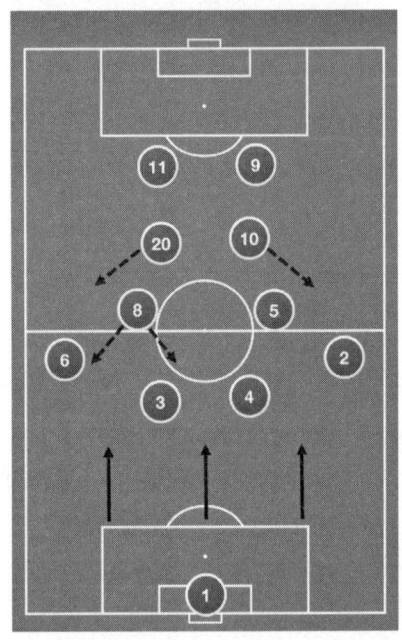

▲ (그림 88) 수비 전환 시, 자갈루호의 시스템 구도

94 미국 월드컵 때와 동일한 방식을 취했다. 그러나 No.10의 수비력이 약했기 때문에 미드필드 2선의 주축인 둥가가 많은 부담을 떠안았다. 만약 둥가의 방어선이 조금이라도 흔들릴 경우, 그 부담은 미드필더 마우루 실바와 레오나르두, 풀백 호베르투 카를로스에게 고스란히 넘어가게 된다. 4-2-2-2에서 미드필드 2선과 풀백의 활동성 저하는 곧 압박과 공격 운영의 정체를 의미한다. 따라서 둥가는 누구보다 막중한 책임감과 희생정신을 가지고 경기에 임해야만 했다.

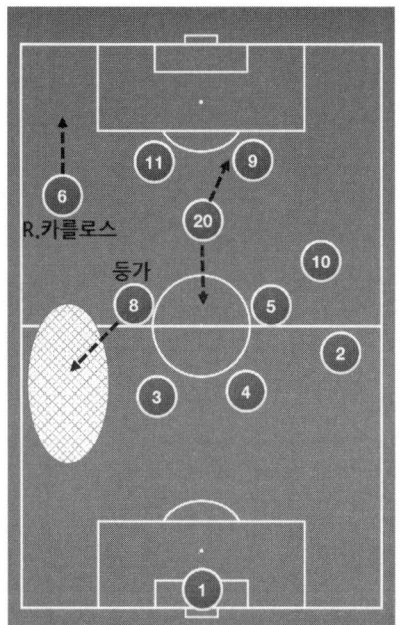

▲ (그림 89) 호베르투 카를로스의 오버래핑 시, 배후에 생성되는 공간

카를로스 둥가는 이 넓은 공간을 매번 앞장서서 커버해야 했다. 실로 엄청난 부담을 안고 경기에 임한 셈이다.

요점정리

1) 미드필드 1선에 전통적인 No.10을 위치시켜 공격력을 강화함.
2) No.10의 수비 담당구역, 즉 미드필드진의 좌측면 공간은 둥가의 수비력과 활동량으로 메워나감.
3) 공격의 상징인 No.10과 압박의 상징인 둥가의 개인 능력을 앞세워 팀의 공·수 밸런스를 유지시켜 나감.

❑ 둥가 시대의 종말, 슬럼프의 시작

　브라질 대표 팀은 앵커맨 둥가와 그를 보좌한 '단짝' 마우루 실바의 수비력을 앞세워 시스템 구조의 약점을 근근이 극복해 나갔다. 그리고 공격 3인방(2스트라이커+No.10)이 이들의 지원을 등에 업고 팀의 상승세를 주도했다. 자갈루호는 97년 한 해 동안 치른 20회의 A매치에서 단 한 번밖에 지지 않았고(16승 3무 1패), 참가하는 메이저 대회마다 우승을 차지하는 등 승승장구했다(볼리비아 코파아메리카 97, 호주 컨페더레이션스컵 97에서 모두 우승). 이와 같이 연승 가도를 이어나가는 분위기에서, 자갈루 감독은 팀의 결점을 굳이 의식하려 하지 않았다.

　하지만 자갈루호는 처진 포워드 호마리우와 포어-리베로 마우루 실바가 98 프랑스 월드컵을 앞두고 부상으로 팀을 떠나면서 위기에 처했다. 특히 마우루 실바의 공백이 문제였다. 최전방의 무게는 호마리우 없이도 어느 정도 유지되었으나, 둥가와 함께 90년대 세대의 무게 추를 지탱했던 마우루 실바의 부재는 극복하기 어려웠다. 그의 대체자로 월드컵에 참가하게 된 J리그 요코하마 F(Flügels) 소속의 세자르 삼파이우는 팀의 핵심 선수를 완전하게 보조할만한 재목이 아니었다. 이는 곧, 압박 4-2-2-2의 위태로운 균형을 바로잡는 데 있어 둥가에 대한 의존도가 그만큼 더 높아질 수밖에 없음을 의미했다(그림 90).

▲ (그림 90) 98 프랑스 월드컵 당시 브라질 포메이션

①- 타파렐 ②- 카푸 ③ 아우다이르 ④- J.바이아누 ⑤- C.삼파이우 ⑥- R.카를로스
⑧- 둥가(C) ⑨- 호나우두 ⑩- 히바우두 ⑱- 레오나르두 ⑳- 베베투

잠재되어 있던 불안 요인은 공교롭게도 중요한 순간에 터졌다. 98 프랑스 월드컵 결승전의 경기 내용과 결과는 둥가 시대의 종말을 고했다. 브라질의 결점은 세기의 플레이메이커 지네딘 지단이 이끄는 프랑스를 맞아 낱낱이 드러났다. 둥가가 지단을 대인마크하는데 집중하는 사이, 측면(특히 좌측)의 균형이 무너지고 만 것이다(그림 91). 왼쪽 풀백 호베르투 카를로스를 비롯한 미드필더, 수비수들은 측면을 집중적으로 공략하는 상대를 의식한 나머지, 좀처럼 압박에 나서지 못했다(그림 92). 풀백의 활동성 저하는 곧 윙을 쓰지 않는 공격진 운영에도 나쁜 영향을 미쳤다. 결국 자갈루호는 졸전

끝에 0 - 3으로 완패했다. 이 경기는 월드컵 결승전 역사상 가장 일방적이었던 승부로 평가된다.

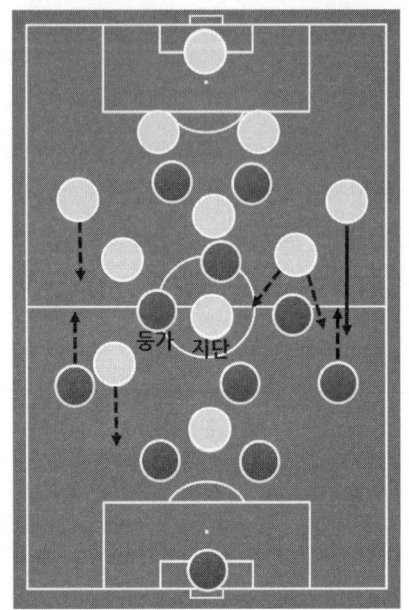

▲ (그림 91) '결승전 브라질 vs 프랑스 전술 대치 구도

프랑스의 공격은 플레이메이커 지단이 브라질의 앵커맨 둥가의 움직임을 2선의 중앙에 묶어두는 틈에, 윙 포워드-풀백-중앙 미드필더들이 2선의 측면(특히 우측면, 브라질 진영에서는 좌측면)을 신속하게 공략하는 방식으로 운영되었다. 최전방에 공격수를 1명만 배치하는 대신, 미드필드진을 두텁게 형성하여 이 패턴의 순도를 높인 것이 특징이었다. 이에 맞서 브라질은 둥가가 중심이 되는 기존의 운영 방식을 고수했다. 결과는 프랑스의 압승이었다. 지단의 움직임과 상대 미드필더-풀백들의 측면 돌파를 앞장서서 차단해야 했던 둥가가 역할 부담을 안으며 고전하자, 그간 둥가에게 의지해온 압박 4-2-2-2 구조의 결점이 확연하게 드러나고 말았다.

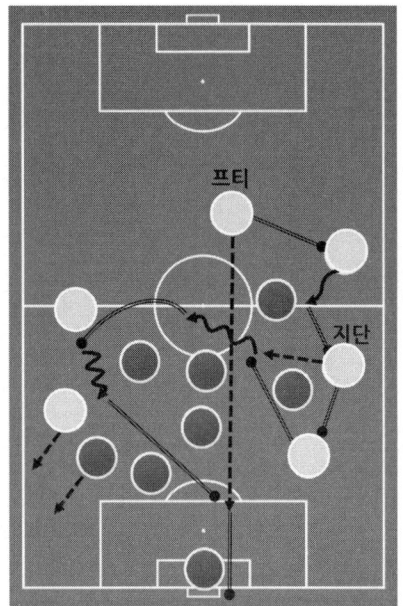

▲ (그림 92) 전반 40분 프랑스의 공격 상황 분석

> 지단이 왼쪽 미드필드 구역에서 브라질 미드필드진의 압박을 벗어난 후 반대편의 공간을 오픈시켰을 때, 그 순간에 열린 중앙의 빈틈을 앵커맨 프티가 파고드는 상황이다. 측면 공간을 활용하는 지단의 플레이메이킹, 미드필드 2선 플레이어의 허를 찌르는 문전 침투 등 이 경기에서 프랑스에게 요구되는 전술 사항이 가장 정확히 이끌어진 장면이었다.

프랑스는 당시 시대상을 대변하던 국가였다. 그들이 사용한 4-2-3-1 시스템은 4-4-2에 묶여있던 축구계에 새로운 이정표를 제시했다는 점에서 주목받았다. 4-2-3-1의 강점은 두터운 미드필드를 토대로 양측 윙과 No.10을 모두 활용할 수 있다는 것이다. 이는 윙과 No.10 중 하나를 포기해야 했던 4-4-2 시스템의 고민을 털어내는 사항이었다. 자연히 프랑스의 성공과 함께 4-2-3-1이 대세로 떠올랐다. 90년대 말~2000년대 초반은 가히 4-2-3-1의 시대였다 해도 과언은 아니다.

프랑스식 시스템에 호되게 당한 브라질 역시 트렌드를 의식해야 했다. 하지만 그들은 변화를 꾀하지 않았다. 정확히 말하자면 변화하기 어려웠다. 윙, 1스트라이커를 전방에 두는 4-2-3-1의 특성과 윙 없이 중앙 밀집을 강화하는 브라질의 전술적인 성향 간의 차이점 때문이다. 윙이 없는 공격, 즉 최전방의 삼각편대(2스트라이커와 No.10)를 앞세운 정교한 중앙 침투는 브라질 축구가 내세우는 가장 큰 무기이다. 그리고 윙을 둘 경우, 풀백의 공격 성향을 애써 제한해야 한다는 점도 작지 않은 부담이었다.

확실한 대안 없이 고유의 색깔을 버리는 것은 모험이다. 그래서 당시 브라질은 4-2-2-2 시스템을 어떻게든 고수해 나가야 했다. 하지만 시스템 구조의 불안 요인을 헌신적으로 막아주었던 '캡틴' 둥가가 은퇴를 선언한 마당에-그는 98 프랑스 월드컵 결승전을 끝으로 대표 팀을 떠났다-, 변화를 주지 않는 것 또한 모험이었다. 이것이 곧 딜레마의 원인이 되었다. 방황에 빠진 현대화를 어떻게 구제할 것인가. 답이 없는 이 명제에 대해 결국 브라질 축구계가 내세운 것은 '현상 유지'였다.

> **요점정리**
> 1) 98 프랑스 월드컵 결승전에서 둥가가 지단의 플레이메이킹을 견제하는 사이, 미드필드의 좌우 공간이 비게 되는 현상이 초래됨.
> 2) 측면과 배후의 위험 공간을 의식한 브라질의 미드필드-수비 자원들이 좀처럼 압박에 나서지 못함.
> 3) 프랑스는 지단과 측면 공격 가담자들을 앞세워 브라질의 중원을 무력화시킴.
> 4) 미드필드 장악 실패에 따른 최전방 공격진의 정체 심화. 0 - 3 패배.
> 5) 98 프랑스 월드컵 이후 미드필드 1선에 플레이메이커와 윙을 함께 두는 4-2-3-1이 대세로 떠오름. 중앙 밀집성이 두드러지는 4-2-2-2의 한계가 갈수록 명확해짐.

❑ 둥가의 은퇴, 그 후

마리우 자갈루의 바통은 천재 감독 완더리 루셴부르고가 이어받았다. 그는 이전 세대의 시스템에 변화를 주지 않았다. 세리아A 득점 왕 출신인 아모로주가 베베투의 자리를 꿰찼다는 것을 제외하면 공격진의 구성은 자갈루 시절과 동일했다. 미드필드진의 둥가-삼파이우-레오나르두의 공백도 비슷한 성향의 에메르손-F.콘세이상-제 호베르투가 메웠다. 팀의 측면은 여전히 카를로스와 카푸가 맡았다(그림 93).

▲ (그림 93) 파라과이 코파아메리카 99 당시 브라질 포메이션

①- 디다 ②- 카푸(C) ④- A.카를로스 ⑤- 에메르손 ⑥- R.카를로스 ⑦- 아모로조
⑧ F.콘세이상 ⑨- 호나우두 ⑩- 히바우두 ⑮- J.카를로스 ㉒- 제 호베르투

프랑스에게 대패한 후 1년 만에 벌어진 파라과이 코파아메리카 99에서 브라질은 세계 정상의 위용을 되찾았다. 6경기 동안 14골을 합작한 공격진의 힘을 앞세워(호나우두 5골, 히바우두 5골, 아모로조 4골) 6전 전승 17득점 2실점이라는 완벽한 기록으로 정상에 올랐다.

코파아메리카에서 루센부르고호가 막강 화력을 선보인 데에는 우려가 되었던 수비의 안정이 큰 몫을 차지했다. 하지만 이것은 팀의 수비력보다는 우승 경쟁자들이 에이스 미드필더를 차출하지 않았다는 게 크게 작용한 결과였다-브라질의 8강, 결승 상대였던 아르헨티나와 우루과이는 팀의 간판 플레이메이커인 세바스티앙 베론과 알바로 레코바가 없는 채로 경기를 치렀다-. 코파아메리카 99는 남미 특유의 색깔이 잘 묻어나지 않았던 대회로 평가된다. 대부분의 팀이 No.10을 중심으로 한 정교한 공격보다는, 전방으로 한 번에 나아가는 롱 패스에 의지했던 탓이다. 따라서 팀의 더블 보란치 라인은 상대 플레이메이커에 대한 마크 부담을 덜고 측면의 위험 공간을 커버하는 데 집중할 수 있었다.

하지만 2002 한일 월드컵 남미지역예선부터는 모든 팀이 No.10을 위시한 기존의 색깔에 측면 플레이를 장착하여 공격진을 꾸렸다. 이때부터 브라질이 슬럼프에 빠졌다. 그들은 남미예선 내내 지난 월드컵 결승전에서 보였던 전술 문제를 답습했다. 미드필드에서 상대의 플레이메이커에게 조금이라도 틈을 노출하게 되면, '수비 불안→풀백의 오버래핑 결여→공격의 너비 확보 실패→공격진의 정체'로 이어지는 패턴에 묶였다.

브라질은 2002 한일 월드컵 남미지역예선 18경기 중, 무려 6번을 패하며 체면을 구겼다. 98 프랑스 월드컵 때까지 역대 지역예선에서 한 번 밖에 패하지 않았던 전례를 감안하면 놀라운 일이다. 이러한 처지에서 국제무대 성적 또한 좋을 리 없었다. 한국-일본 컨페더레이션스컵 2001에서는 1승 2

무 2패로 4위에 머물렀고, 콜롬비아 코파아메리카 2001에서는 2승 2패로 8강에서 탈락했다. 세계 최강이라는 명성과는 거리가 있는 행보였다. 특히 컨페더레이션스컵 2001 4강전부터 코파아메리카 2001 조별예선 1차전까지 벌인 네 경기에서 전패를 기록한 사건은 암흑기의 최고 하이라이트였다(컨페더레이션스컵 4강 프랑스전 1 – 2 패, 호주와의 3,4위전, 우루과이와의 남미예선 13차전, 멕시코와의 코파아메리카 2001 조별예선 1차전에서 각각 0 – 1 패) -. 이처럼 믿기 힘든 현실이 지속되는 상황 속에 협회는 루센부르고, 에메르손 레앙에 이어 세 번째 감독을 선임하기에 이른다(2001.05). 주인공은 '우승청부사' 펠리페 스콜라리였다. 그에게 주어진 임무는 어떻게든 '이기는 전술'로 팀을 정비하는 것. 오직 그것 하나였다.

　구시대의 유물이 된 전통주의, 둥가의 은퇴로 방향을 잃은 현실주의. 둘 중 어디에도 기댈 수 없게 되자 브라질 축구계는 마침내 '특정 선수'의 능력 보다 '감독'의 시스템 구성 능력과 리더십에 더 많이 의지하게 되었다. 펠레, 지코, 둥가로 이어져 오던 일련의 리더 계보에서 선수가 아닌 지도자가 흐름의 중심으로 부상한 것이다. 감독의 시대는 이렇게 개막한다.

> **요점정리**
> 1) 축구계를 뒤흔든 4-2-3-1 신드롬.
> 2) 측면과 중앙을 모두 활용하는 4-2-3-1과 중앙 밀집성이 강한 4-2-2-2가 대치하는 구도가 많아지면서, 브라질식 시스템의 한계가 두드러짐.
> 3) 전술 문제에 대한 해법을 찾지 못하면서 슬럼프 가속화.
> 4) 비상한 전술 구사 능력을 가진 지도자의 리더십이 점차 팀 운영의 중심으로 부상함. 감독의 시대 개막.

감독의 시대
수비형 4-2-2-2의 시대

　90년대까지 브라질 축구의 역사는 크게 펠레의 시대→지코의 시대→둥가의 시대로 이어져왔다. 특정 선수의 개인 능력과 리더십이 팀의 전술을 구성하는 데 높은 가치를 발휘해 온 것이다. 그러나 둥가가 은퇴한 후에는 이렇다 할 리더가 등장하지 않았다. '리더 부재'는 둥가의 시대가 끝난 후 계속 거론되던 대표 팀의 큰 고민거리였다. 물론 당시 브라질에 리더십을 겸비한 선수가 없었던 것은 아니다. 히바우두, 호나우두, 주니뉴 파울리스타 같은 선수들은 동료들이 믿고 의지할만한 우수한 자원이었다. 다만 이들은 전방 공격수→공격형 미드필더→수비형 미드필더로 넘어오는 리더의 계보에 적합한 인재는 아니었다.

　대표 팀 경기 운영의 무게 중심은 지난 40여 년의 세월을 거치면서 상당부분 아래로 내려왔다. 자연히 미드필드 2선과 3선의 균형이 1선의 화려한 공격보다 더 중요해졌다. 이에 따라 리더십이 강한 수비 자원들이 캡틴 후보로 자주 거론되었다. 둥가의 포지션에서 활약할 수 있는 선수들, 즉 에메르손, 밤페타, 아순상, 호셈바쉬 같은 앵커맨들이 그 대상이었다. 하지만 새로운 둥가는 쉽게 등장하지 않았다. 정체의 기간은 3년간 지속되었다. 그러자 그라운드 내의 특정 리더가 아닌, 감독의 시스템 구성 능력과 리더십이 팀 운영의 최우선 순위로 떠오르기 시작했다.

1 펠리페 스콜라리의 3-4-1-2 시스템(2002 한일 월드컵 세대)

❏ 배경

첫 주자는 펠리페 스콜라리였다. 그는 대표 팀의 사정이 좋지 않았던 2001년 5월에 팀의 수장으로 부임했다. 난국으로 치닫던 분위기에서 지푸라기라도 잡고 싶었던 대표 선수들은 전적으로 그에게 의지했다.

스콜라리는 화려한 스타일보다 거친 수비와 압박을 선호하는 지도자였다. 그리고 보수적인 생각에 갇히는 것을 경계하는 인물이기도 했다. 보통 브라질의 지도자들은 자국리그 스타 출신이 아닌 선수에게 셀레상(Selecao, 브라질 국가대표 팀을 일컫는 애칭)의 일원이 될 기회를 잘 제공하지 않는다. 하지만 스콜라리는 그런 것에 차별을 두지 않았다. 오직 '실력'만을 대표 선수 자격의 기준으로 삼았다. 또한 자신의 전술 철학을 맹신하지 않았다. 아니다 싶은 방식은 과감하게 배제하고 언제나 더 나은 방법을 찾기 위해 노력했다. 자기 색깔을 잃고 갈피를 잡지 못하던 당시 대표 팀의 상황에 있어 가장 적합한 지도 성향이었다.

❏ '시스템' 스콜라리의 필승 카드

펠리페 스콜라리가 팀 재건을 위해 꺼내든 카드는 '3백'이었다. 과거 라자로니의 클래식 3백, 페레이라의 개량형 3백과는 다른 '플랫 3백'을 내세웠다. 라자로니의 방식보다는 전진적이고, 페레이라의 방식보다는 실리적인 선택이었다(그림 94) (그림 95) (그림 96).

스콜라리는 플랫 3백으로 수비 불안에 정체되었던 풀백의 공격성을 되살리고자 했다. 즉 중앙 공격진과 공격형 풀백이 조화를 이루는 전통적인 전술 패턴(4-2-2-2 메커니즘의 주된 공격 패턴)을 부활시키려 한 것이다.

스토퍼 2명과 리베로 1명을 조화시키는 방식이다. 문전 수비 시 강점을 보이지만, 리베로와 미드필드 사이의 간격 유지가 어렵다는 것은 단점으로 지적된다. 3선 간의 유기적인 협력이 강조되는 현대 축구에 적합한 전형은 아니다.

▲ (그림 94) 라자로니호의 3백 형태

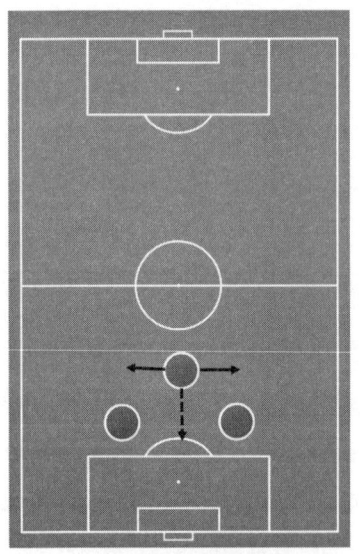

센터 백 2명과 포어-리베로 1명이 조화를 이루는 방식이다. 3백-4백을 유연하게 넘나들며 전진 수비와 풀백의 오버래핑을 가감 없이 추진할 수 있다는 것이 강점이다. 역동적인 빌드 업과 압박 수비가 중시되는 근래 축구계에서 각광받는 전형이다.

▲ (그림 95) 페레이라호의 3백 형태

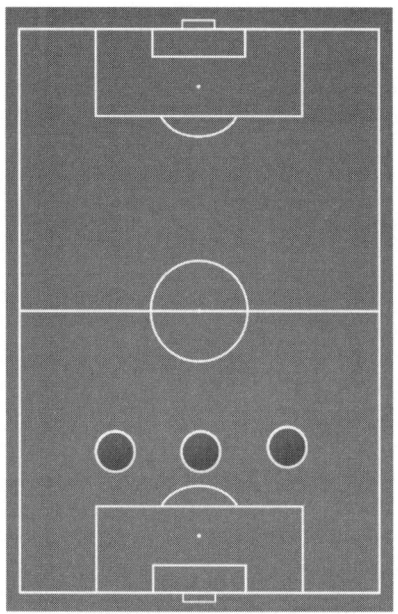

▲ (그림 96) 스콜라리호의 3백 형태

센터 백 3명이 각자의 구역을 방어하는 지역방어 시스템이다. 미드필드보다는 공-수 상황에서 많은 숫자를 확보하고자 하는 팀이 자주 활용하는 방식이다(특히 수비가 불안한 팀이 중앙 수비 숫자 보강을 위해 주로 선택한다). 견고한 지역방어를 앞세워 3백의 위치를 높은 라인에서 유지할 경우 위력을 낼 수 있는 전형이다. 그러나 공-수 간격이 조금이라도 벌어지게 되면 미드필드가 곧바로 위험에 처할 공산이 높다. 경기 운영의 안정성 확보가 필수인 최근 동향에서는 널리 활용되지 못하고 있다.

이것은 모험수였다. 현대 축구에서 3백은 보통 팀의 수비불안을 해소하기 위한 임시 대안으로 쓰인다. 이 중 대략 절반 정도가 성공하지만, 그 마저도 대부분 빠른 시일 내에 4백으로 선회한다. 중원에서 나타날 수 있는 불안 요인 때문이다(그림 97) (그림 98). 3백은 센터 백의 숫자를 2명에서 3명으로 늘린 전형이므로 그만큼 중앙 미드필드진의 약세를 피하기 어렵다.

이는 당시 자국 여론이 3백을 반대했던 주된 이유였다. 가뜩이나 불안한 미드필드진이 3백의 차용과 함께 완전히 무너질 것을 우려한 것이다. 그럼에도 불구하고 스콜라리는 3백을 끝까지 안고 갔다. 슬럼프 탈출의 계기를 마련하려면, 모험적인 시도가 필요했던 시기였기 때문이다. 그만큼 당시 브라질의 사정은 매우 좋지 않았다.

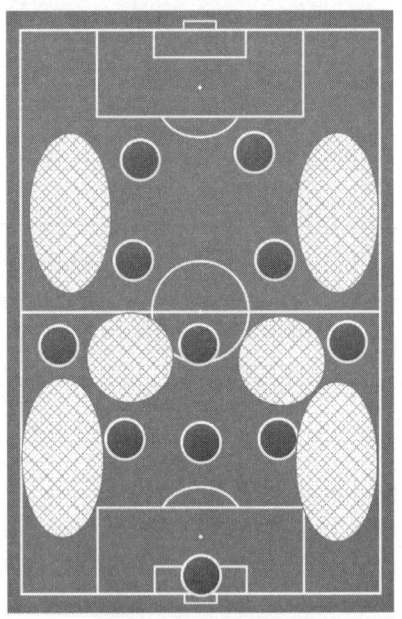

▲ (그림 97) 3백의 위험성- 3-5-2 시스템의 수비 전환 상황 예시 -

그림에서 보는 바와 같이 윙백의 앞-뒤, 앵커맨의 후방에서 위급한 상황에 처해질 가능성이 높다. 전방 및 중원에서의 강한 압박, 미드필드진을 위시한 물리적인 에너지(활동성) 확보가 성공의 관건이다.

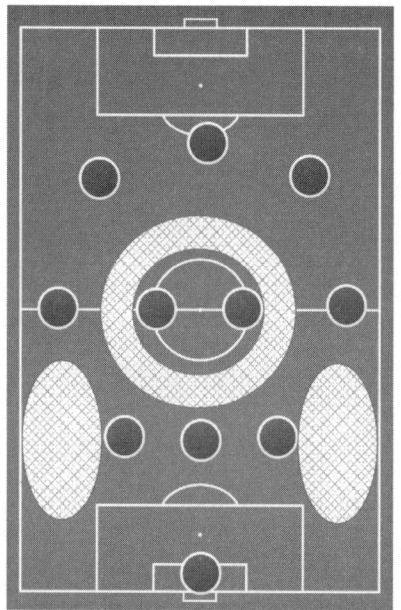

▲ (그림 98) 3백의 위험성 - 3-4-3 시스템의 수비 전환 상황 예시 -

> 그림에서 보는 바와 같이 중앙 미드필드진, 윙백의 배후 구역에서 위급한 상황이 발생할 여지가 있다. 3-5-2 시스템과 마찬가지로 전방 및 중원에서의 강한 압박, 미드필드진을 위시한 물리적인 에너지(활동성) 확보가 성공의 관건이다.

스콜라리가 3백을 통해 추구한 전형은 공격적인 3-3-1-3이었다. 미드필드진의 약점을 의식하지 않고 공격을 더 강화한 것이 특징이다. 중원을 섬세하게 거쳐 가기보다는, 단순한 패턴으로 속히 전진하여 가급적 적진에서 상황을 만들어 나가는 것이 목표였다. 공격진에 대한 믿음이 깃든 선택이었다(그림 99).

이와 같이 볼의 전개 흐름이 1선을 중심으로 이루어지게 되는 만큼, 2선과 3선이 바짝 전진하여 후방을 받쳐줄 필요가 있었다. 즉 압박을 위한 미드필드진의 오프 더 볼 움직임과 3백의 전진 수비가 시스템의 균형 유지 차원에서 활발하게 나와 줘야 했다는 말이다(그림 100) (그림 101) (그림 102).

물론 오래도록 4-2-2-2를 써왔던 그들이 3-3-1-3에 곧바로 적응하는 것은 어려웠다. 따라서 부임 초기에 스콜라리는 3백의 기초 대형인 3-5-2를 사용하며 먼저 선수단의 전술 이해도를 높였다. 그 후 3-4-1-2→3-3-1-3으로 차근차근 전환해가며 목표했던 시스템을 완성해 나갔다.

▲ (그림 99) 스콜라리호의 시스템 도면 - 3-3-1-3 -

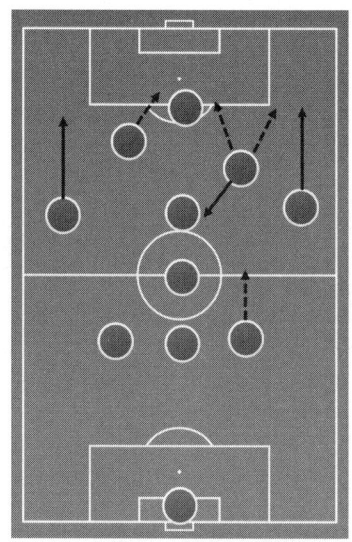

▲ (그림 100) 공격 시 시스템

1) 빌드 업

빌드 업에 소요되는 시간을 줄이고 가급적 1선에서 볼을 점유하는 시간을 늘리고자 했다. 공격수들의 능력을 활용하여 미드필드진의 약점을 최대한 가리겠다는 계산이었다.

2) 침투

No.10의 지원 아래 주로 좌·우 윙 포워드가 중앙으로 이동해 센터 포워드와 협력하는 방식을 취했다. 한편 윙 포워드들이 남긴 측면의 공지는 윙백이 전진하여 장악했다.

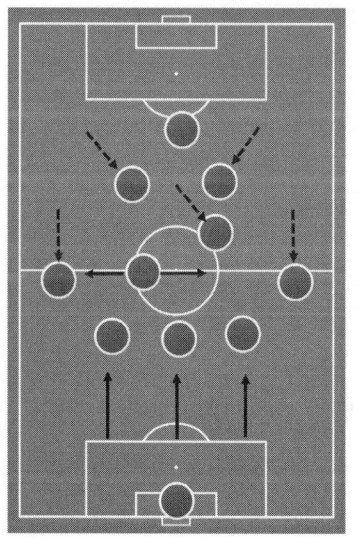

▲ (그림 101) 수비 시 시스템 - 주도권 상황 -

수비 전환 시에는 3포워드가 전방에서 상대 수비진의 빌드 업을 방해하는 사이, 미드필드와 수비가 속히 전진하여 압박 대형을 갖추었다.

Section 04. 감독의 시대(수비형 4-2-2-2의 시대) **149**

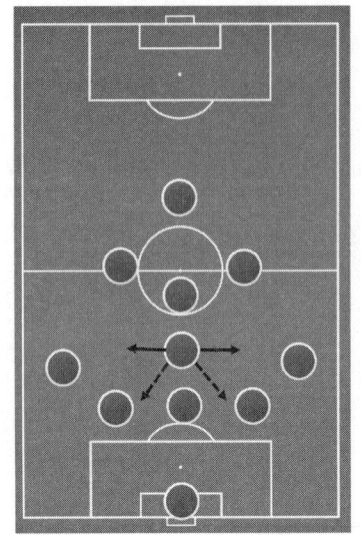

압박이 통하지 않을 때에는 윙백과 3백이 페널티 에어리어 부근까지 이동하여 5백을 형성하는 방식으로 문전 수비 대열을 정비했다.

▲ (그림 102) 수비 시 시스템 - 수세 상황 -

요점정리

1) 중앙 공격수들과 풀백이 조화를 이루는 전통적인 공격 패턴을 최종 수비진을 안정시켜 되돌리고자 함.
2) 그간 수비 불안으로 인해 공격 가담이 여의치 않았던 풀백의 활동성을 살리고자 플랫 3백을 선택함.
3) 중앙 미드필드진의 약세를 만회할 대책 마련의 필요성이 대두됨.
4) 전방 압박과 포워드진의 공격력을 앞세워 중원의 약점을 상쇄시키려 함. 3-3-1-3 시스템 구축.

□ 3-3-1-3 시스템 실패, 위기에서 더욱 빛난 스콜라리의 추진력

3-3-1-3 시스템이 효과가 없었던 것은 아니다. 3백은 문제의 근원이었던 측면 플레이를 활성화시키면서 점차 팀을 안정시켰다. 그러나 약한 미드필드진이 초래한 공수 전환 과정에서의 부자연스러운 연계는 개선점을 찾아

나가지 못했다-미드필드 2선의 곳곳에 생성되는 공간을 커버하지 못하면서, 공격 축구를 구현하고자 사전에 계획했던 전진 수비→간결한 빌드 업이 원활하게 연계되지 않았다.

보통 브라질 선수들은 체력전에 약하다. 그래서 가급적이면 적은 움직임으로 효율을 내는데 집중한다(몇몇 특정 수비자원들의 희생, 수비 블록의 후퇴 빈도를 낮추기 위한 공격성의 확보, 수비진의 역할 세분화 등). 하지만 현대 축구에서 3-3-1-3을 사용하려면, 가장 먼저 '뛰는 양'을 확보하는 데 힘써야 한다. 2선의 측면에 전문 하프 윙을 두지 않는 전형인 만큼, 중앙 미드필더 2명을 지원하기 위한 공격진-수비진의 많은 움직임이 요구된다. 이 점에 비추어 볼 때, 3-3-1-3은 브라질 선수들의 성향과 정확히 부합하기 어려운 전형이었다 (그림 103).

▲ (그림 103) 2002 한.일 월드컵 당시 브라질 포메이션 - 조별예선 -

〈①-마르코스 ②-카푸(C) ③-루시우 ④-R.주니오르 ⑤-에드미우손 ⑥-R.카를로스 ⑧-G.실바 ⑨-호나우두 ⑩-히바우두 ⑪-호나우지뉴 ⑲-주니뉴〉

설상가상으로 팀의 주장이자 중원의 리더인 에메르손이 월드컵 직전에 부상으로 팀을 떠났다. 가뜩이나 2선이 약했던 그들에게 핵심 미드필더의 이탈은 난제였다. 에메르손의 대체자는 신예 수비형 미드필더 지우베르투 실바였다. 185cm의 큰 키를 앞세운 제공권 수비와 대인마크 능력이 뛰어난 선수이기는 했으나, 경기 상황에 다방면으로 관여하는 타입은 아니었다. 그라운드 장악력이 요구되는 3-3-1-3 시스템의 중앙 미드필더로서는 적합한 선수라고 보기 어려웠다.

우려는 본선에서 바로 현실이 되었다. 터키와의 조별예선 1차전에서 지우베르투 실바의 정적인 성향은 미드필드 운영에 해를 끼쳤다. No.10 주니뉴 파울리스타가 높은 지점으로 이동했을 때, 지우베르투 실바가 그 후방을 폭넓게 받쳐주지 못하면서 2선에 많은 공간이 발생했다. 발 빠른 터키의 미드필더 바슈트리크, 하산 샤슈에게 이 공간이 몇 차례 공략 당하자 미드필드진의 운영이 균형을 잃기 시작했다. 부담을 느낀 3백도 어느 순간부터 수비진을 전진시키지 못했다. 그럴수록 공-수 간격이 넓게 벌어졌다. 이 양상은 후반 종반까지 계속되었다(그림 104).

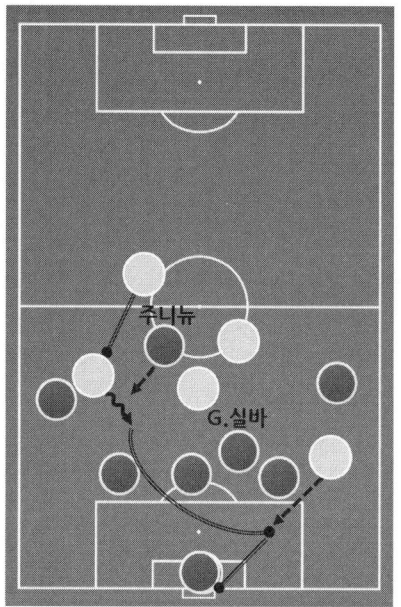

▲ (그림 104) 조별예선 터키전 실점 상황 분석

터키의 미드필더들이 하프라인 부근에서 빌드 업을 진행하고 있을 때, 지우베르투 실바는 압박에 나서지 않고 3백과 인접한 지점에서 머뭇거리고 있다. 이로 인해 주니뉴 파울리스타가 상대 미드필더 4명 사이에 갇혀버렸다. 상대 미드필드진이 주니뉴를 따돌리고 2선의 공간을 차지하자 브라질의 3백이 당황한 나머지 우왕좌왕했다. 결국 오른쪽 윙백-오른쪽 센터 백 사이로 침투하는 터키의 공격수를 놓치고 말았다.

2 - 1로 이기기는 했지만, 부끄러운 결과였다. 경기력이 아닌, 오심에 기댄 승리였기 때문이다. 후반 40분 경, 터키의 수비수 오잘란이 스트라이커 루이자웅에게 파울을 범한 위치는 명백히 페널티 에어리어 바깥이었다. 그러나 주심은 단호하게 페널티킥을 선언했다. 이 오심 하나에 경기 내내 고전하던 브라질은 극적으로 회생했다-. 그 후 대회 최약체로 분류되던 중국과 코스타리카를 대파하며 자존심을 회복하기는 했지만(각각 4 - 0, 5 - 2로 승리), 경기 내용은 지난 터키 전과 별

반 다르지 않았다. 역습을 단행하는 상대의 공격을 깔끔하게 저지하지 못했을 뿐만 아니라, 때때로 2선에서 주도권을 내주며 수세에 몰리기도 했다 (그림 105) (그림 106). 벨기에와의 16강전에서도 이렇다 할 반전 없이 비슷한 경기 양상이 반복되었다. 여러 위기를 넘겨가며 2 - 0으로 승리하기는 했으나, 내용적으로는 여전히 불만족스러웠다.

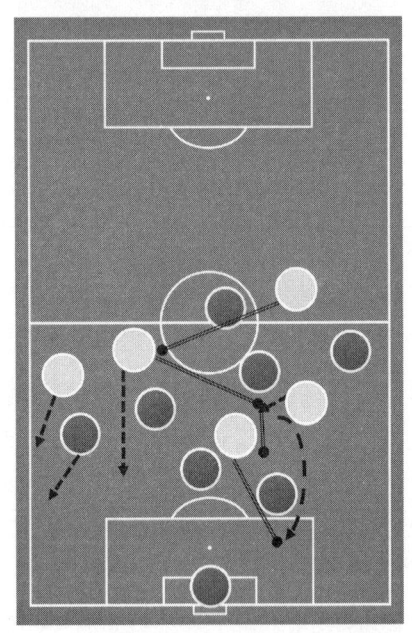

▲ (그림 105) 조별예선 중국전 후반 18분 위기 상황 분석

중국 미드필더들의 빠른 패스워크에 하프라인 부근의 방어선이 흔들리면서 미드필드-수비 사이에 공간이 발생한 장면이다. 센터 백 1명이 급히 전진 배치하여 대응해보려 했지만, 이는 외려 최종 수비진을 더 큰 위기에 빠뜨렸다.

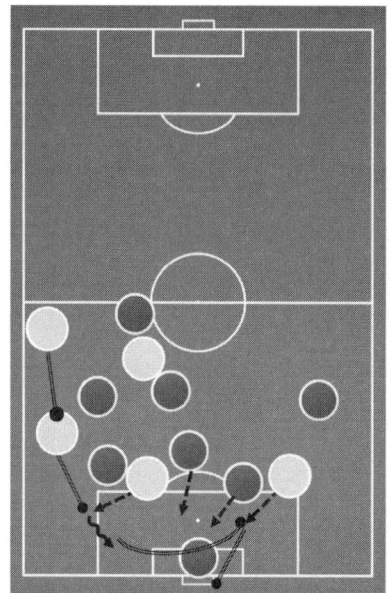

▲ (그림 106) 조별예선 코스타리카 전 두 번째 실점 상황 분석

3백의 약점인 윙백과 센터 백 사이의 공간으로 패스의 길을 허용하면서 위기 상황이 연출되었다. 3백이 이 공간으로 침투한 상대 공격자에게 시선을 빼앗기는 사이, 파 포스트 구역의 방어가 소홀해졌다.

펠리페 스콜라리는 변화가 필요하다는 사실을 인지하고 있었다. 그는 잉글랜드와의 8강전을 앞두고 대형을 수정했다. 요지는 No.10 주니뉴 파울리스타를 박스 투 박스 미드필더 클레베르손으로 교체하고, 3백의 리더 에드미우손을 전진 배치하는 것이었다. 목표는 중앙 미드필드 지역의 압박 능력을 확보하여 공-수 간격을 좁게 유지하는 것이었다.

하지만 효과는 미비했다. 주니뉴의 부재는 공격수 간의 스위칭과 협력 플레이에 해를 끼쳤고, 에드미우손 시프트는 효과 없이 문전 수비만 약화시켰다. 성과 없는 공격과 공격의 실패로 빚어지는 수비 불안이 반복되면서, 미드필드진의 역할 부담도 커졌다. 이 와중에 선제골을 허용하자(그림 107), 스콜라리는 전반 30여 분만에 급히 시스템을 변경했다. 좌·우로 펼쳐져 있던 공격진을 중앙으로 밀집시켜 변형 3-4-1-2(2-1-4-1-2, 2-1-3-2-2)를 구축했다(그림 108). 미드필드 1선의 공격성을 되살려 공격 3인방의 연계를 강화함과 동시에 클레베르손의 공격 가담 비중을 낮춰 2선의 수비력을 더욱 보강하겠다는 계산이었다.

▲ (그림 107) 잉글랜드전 실점 상황 분석

잉글랜드 미드필더의 전진 패스가 공격수에게 전달되었을 때, 브라질의 미드필드-수비 사이 공간이 넓게 벌어져 있다. 에드미우손이 전진 수비를 펴고 있는 상황에서, 문전의 위험 공간을 의식한 센터 백들이 배후로 처져 있었던 게 원인이었다. 만약 최종 수비라인이 빠르게 하프라인 부근으로 올라가 주었다면, 미드필드 2선-수비 사이에 위치해 있던 잉글랜드의 센터 포워드를 쉽게 고립시키는 것은 물론, 수비라인과 같은 선상에 위치해 있던 또 다른 공격수를 오프사이드 함정에 빠뜨릴 수 있었을 것이다. 표면적으로는 상대의 실축성 패스를 깔끔하게 처리하지 못한 센터 백 루시우의 실책이 실점의 원인으로 부각되었으나, 근본적인 문제는 이런 패스가 시도될 수 있는 여건을 내준 것에 있었다.

▲ (그림 108) 8강전 브라질 포메이션

①-마르코스 ②-카푸(C) ③-루시우 ④-R.주니오르 ⑤-에드미우손 ⑥-R.카를로스 ⑧-G.실바 ⑨-호나우두 ⑩-히바우두 ⑪-호나우지뉴 ⑮- 클레베르손

브라질의 조직력이 짜임새를 갖추게 된 것은 이 시점부터이다. 특히 '새로운 No.10' 호나우지뉴의 드리블 돌파가 힘을 발휘하면서, 공격 과정이 보다 빨라지고 정교해졌다(그림 109). 하지만 미드필드진의 측면 압박이 결여된 것은 흠이었다. 압박의 부재로 넓게 형성되는 센터 백 라인의 좌·우, 배후 공간은 슬럼프 때(남미지역예선 당시)의 경기 패턴을 부추겼다. 다행히 창

끝이 무뎠던 잉글랜드를 맞아 무난하게 승리하기는 했으나(히바우두, 호나우지뉴의 연속골로 2 - 1 승리), 4강전, 결승전도 무사히 넘어갈 것이라는 보장은 없었다. 결국 스콜라리는 4강전을 대비해 또 전술을 바꿨다. 8강전에서 포어-리베로로 활약한 에드미우손을 본래의 위치에 복귀시켜 3-4-1-2(3-3-2-2) 전형을 다졌다. 미드필드진의 위험을 감수하고서라도, 우선 3선의 수비력을 보강하여 실점의 가능성을 낮추는 게 더 필요하다고 판단한 것이다(그림 110).

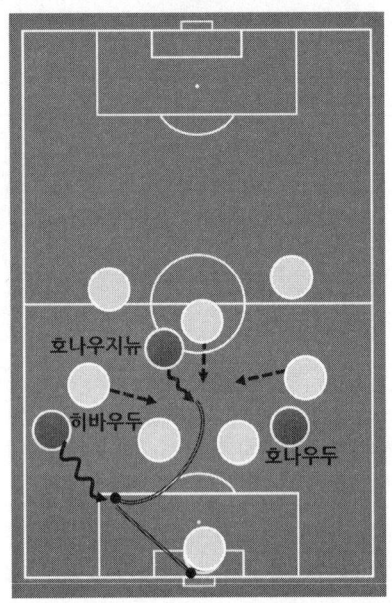

▲ (그림 109) 8강 잉글랜드전 동점골 상황 분석

> 호나우지뉴가 개인 드리블로 잉글랜드 수비진의 움직임을 중앙으로 유도한 것이 주효했다. 순간적으로 페널티 에어리어 좌우 공간이 열렸다. 호나우지뉴는 우측 공간을 점유하고 있던 히바우두에게 정확히 패스했다. 파 포스트를 겨냥한 히바우두의 왼발 슛이 시먼 골키퍼의 방어망을 벗어나 골로 연결되었다.

▲ (그림 110) 결승전 브라질 포메이션

①-마르코스 ②-카푸(C) ③-루시우 ④-R.주니오르 ⑤-에드미우손 ⑥-R.카를로스 ⑧-G.실바 ⑨-호나우두 ⑩-히바우두 ⑪-호나우지뉴 ⑮- 클레베르손

8강전에서 레드카드를 받은 호나우지뉴가 1경기 출장 정지 처분을 받은 가운데, 4강전에서는 히바우두가 No.10으로, 교체 멤버인 에지우손이 처진 포워드로 배치되었다. 호나우지뉴가 복귀한 결승전에서는 호나우지뉴가 No.10, 히바우두가 처진 포워드로 기용되었는데, 때에 따라 호나우지뉴와 히바우두가 서로 위치를 바꾸거나 두 선수 모두 미드필드 1선 선상에 나란히 서기도 했다. 한편 16강전까지 팀의 No.10 역할을 수행했던 주니뉴 파울리스타는 개인 컨디션 난조로 4강전, 결승전을 벤치에서 맞이했다.

3-4-1-2(3-3-2-2) 시스템은 미드필드 1선의 측면과 미드필드 2선에서 허점을 내보이며 남은 경기에서도 팀이 고전한 원인이 되었다. 하지만 딱 하나. 문전 수비는 눈에 띄게 개선시켰다. 수비 시, 더블 보란치가 5백(윙백+3백+윙백)이 자리 잡는 시간을 벌어준 게 주효했다. 5백이 구축되기도 전에 배

후 공간을 내줬던 싱글 보란치 전형(조별 예선-16강, 3-3-1-3) 때와, 센터 백 후방에서의 커버 플레이가 약했던 변형 3-3-1-3(2-1-3-1-3), 3-4-1-2(2-1-4-1-2, 2-1-3-2-2) 때의 결점을 메워 튼튼한 수비를 구축하는데 성공한 것이다.

비록 사전에 계획했던 중원 압박은 잘 이행되지 못했지만, 매번 더블 보란치-5백 라인이 견고한 문전 수비로 실점 위기를 모면해 주었다(그림 111)- 물론 수비진의 선전에는 준결승, 결승 상대인 터키와 독일의 전력이 비교적 약했다는 점도 한몫했다. 이처럼 최종 수비진이 힘을 발휘하면서 그들은 '지지 않는 팀'의 면모를 보였다. 여기에 No.9 호나우두의 득점력까지 빛을 내면서 꿋꿋하게 이겨나갔다. 그들은 4강전, 결승전을 승리로 장식하며 끝내 월드컵을 차지했다-터키와의 4강전에서는 1 - 0, 독일과의 결승전에서는 2 - 0으로 승리했다. 이 두 경기에서 기록한 모든 골의 주인공은 호나우두였다- (그림 112) (그림 113).

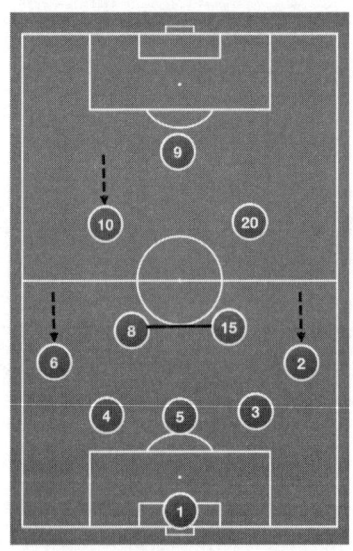

▲(그림 111) 4강 터키전 수비 시 시스템 도면

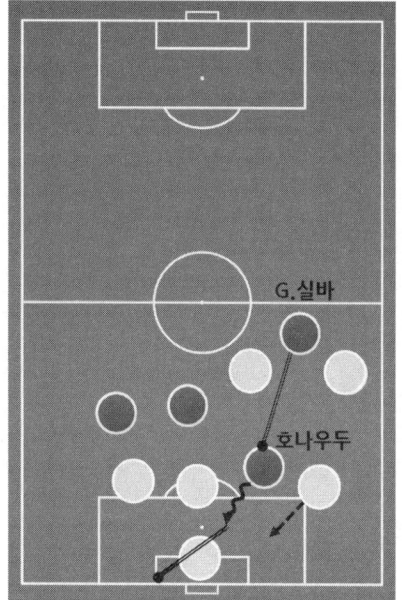

▲ (그림 112) 4강 터키전 호나우두의 득점 상황 분석

지우베르투 실바의 패스를 받은 호나우두가 상대 수비수 3명을 따돌리고 득점에 성공한 장면이다. 토 킥으로 상대 골키퍼의 타이밍을 빼앗은 것이 주효했다. 전반전 내내 선방 쇼를 펼치던 터키의 골키퍼 레츠베르도 호나우두의 감각적인 슛에는 속수무책이었다.

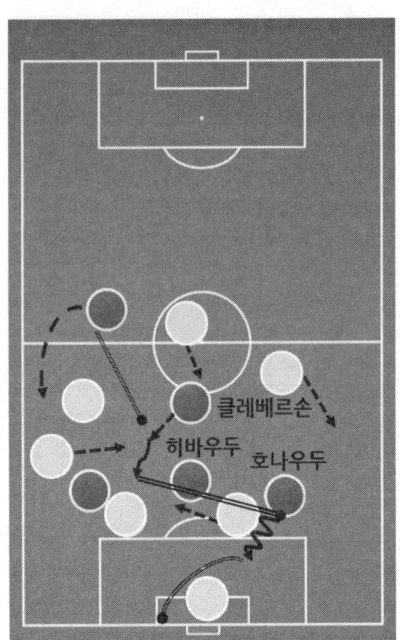

▲ (그림 113) 독일과의 결승전 호나우두의 두 번째 득점 상황 분석

중앙 미드필더 클레베르손의 패스가 히바우두에게 이어질 때, 독일 수비진이 일제히 그의 움직임을 쫓아갔다. 그 때 히바우두는 기지를 발휘하여 볼을 뒤쪽으로 흘려버렸다. 볼은 순식간에 노마크 상태에서 슛 기회를 엿보던 호나우두에게 전달되었다. 그는 침착한 슛으로 득점에 성공했다.

'역대 최약체'로 분류되며 당초 8강권 전력으로 여겨졌던 것을 감안한다면, 그들에게 우승은 기적과도 같은 결과였다. 파란만장했던 지난 몇 해를 뒤돌아보면 그야말로 드라마틱한 우승이었다.

우승의 1등 공신은 8골을 기록하며 득점 왕에 오른 호나우두도, 그를 완벽히 보좌한 히바우두도 아닌, 바로 스콜라리 감독이었다. 부임하자마자 4백을 3백으로 전환시키며 팀의 난제를 해소하고, 본선에서 가감 없는 전술 변화로 난관을 헤쳐나간 스콜라리의 대담함과 배짱이 슬럼프를 딛고 팀을 우승으로 이끈 배경이 된 것이다. 브라질 축구의 역사에서 감독이 우승 스토리의 주인공으로 주목받았던 것은 사실상 당시 세대가 처음이다. '감독의 시대'는 이렇듯 화려하게 개막했다.

> 요점정리
> 1) 중앙 미드필드 지역에서 나타나는 3-3-1-3 시스템의 문제점이 조별 예선에서 두드러짐.
> 2) 약점을 보완하기 위해 잉글랜드와의 8강전 전반 30분 경 3-3-1-3에서 변형 3-4-1-2 (2-1-4-1-2, 2-1-3-2-2)로 전환함.
> 3) 변형 3-4-1-2(2-1-4-1-2, 2-1-3-2-2)는 공격진 운영을 짜임새 있게 만들었으나, No.10의 좌우, 센터 백 주변의 공간에서 허점을 내보임.
> 4) 수비 보강을 위해 변형 3-4-1-2(2-1-4-1-2, 2-1-3-2-2)에서 3-4-1-2(3-3-2-2)로 전환하여 4강전과 결승전을 맞이함.
> 5) 3-4-1-2(3-3-2-2)는 중앙 미드필드진의 균형 유지에 악영향을 끼쳤지만, 대신 문전 수비 시 힘을 발휘함.
> 6) 탄탄한 문전 수비와 호나우두의 득점력을 앞세워 4강전과 결승전의 결과를 승리로 이끌어 냄. 통산 5회 우승 달성.

2 페레이라의 4-2-2-2 시스템(2006 독일 월드컵 세대)

❑ **배경**

2002 한일 월드컵 우승은 브라질 축구 부활의 신호탄이었다. 호나우지뉴, 카카, 지우베르투 실바, 루시우, 에드미우손 등 영 스타들의 몸값이 월드컵 트로피를 계기로 부쩍 상승했고, 동시에 유럽 명문 클럽에서 자신의 가치를 증명할 수 있는 기회를 잡았다. 득점 왕을 차지한 호나우두는 점차 전성기 때의 기량을 회복해갔으며, 침체되었던 자국 리그가 다시 활기를 띠기 시작했다. 모든 게 긍정적인 방향으로 나아져갔다.

상승 분위기 속에 대표 팀의 새 감독으로 부임한 이는 94 미국 월드컵에서 압박 4-2-2-2로 고국에 우승컵을 안겼던 카를로스 페레이라였다. 전임 감독의 전술 철학을 계승해 나가기 위한 축구협회의 실리적인 선택이었다.

다만 이 시점에서 브라질은 냉정해져야 했다. 월드컵 우승은 위대한 업적임에 틀림없지만, 이 자체가 슬럼프 탈출을 의미하는 건 아니었다. 팀의 우승을 이끈 3백은 어디까지나 '임시방편'으로 활용된 것이었다. 위험 요소가 많은 이 시스템이 브라질 축구의 장기적인 토대가 될 것이라고는 누구도 생각하지 않았다. 즉 압박 4-2-2-2가 가진 문제들은 해결점을 찾지 못한 채 원점 상태에 머물러 있었다는 말이다. 따라서 브라질 축구계의 일선 관계자들은 대표 팀이 우승 분위기에 휩싸이는 것을 경계하고, 현실을 냉철하게 짚어야 했다. 페레이라 감독의 판단력과 지도력이 빛을 내야 할 때였다.

□ 풀리지 않은 No.10 딜레마

페레이라는 부임 후 2년간 베스트 11을 가동하지 않았다. 컨페더레이션스컵 2003, 코파아메리카 2004에 출전한 대표 팀은 대체로 신예 선수들 위주로 구성되었다. 그 중에는 PSG의 호나우지뉴, 페네르바체의 알렉스 데 소우자, 인터 밀란의 아드리아누, 세비야의 헤나투, 산투스FC의 호비뉴, 플라멩구의 골키퍼 줄리오 세자르 등이 있었다. 호나우두, 카를로스, 카푸, 에메르손 같은 주요 전력을 대체할 인재들을 발굴하는 게 목표였다. 유능한 신예들에게 스스로 A 대표 팀을 이끌 수 있는 기회를 제공함으로써 선수단 전체의 기량 향상 및 자신감 함양을 유도하고자 했다. 이 점에 한하여 본다면, 결과는 성공이었다. 특히 페루 코파아메리카 2004에서 아르헨티나를 꺾고 우승을 차지한 경험은 어린 선수들에게 소중한 자산이 되었다. 대회의 히어로였던 아드리아누를 비롯하여 많은 젊은 선수들이 대표 팀의 미래이자, 주전들의 대체 요원으로서 입지를 다졌다(그림 114).

▲ (그림 114) 프랑스 컨페더레이션스컵 2003 당시 포메이션

①- 디다 ②- 벨레티 ③- 루시우 ④- 후안 ⑤- 에메르손(C) ⑦- 호나우지뉴 ⑧- 클레베르손 ⑨- 아드리아누 ⑩- 히카르지뉴 ⑪- 지우 ⑯- 클레베르

하지만 페레이라는 98 프랑스 월드컵 이후 불거졌던 전술 문제에 대해 신중하게 접근하지 않았다. 프랑스 컨페더레이션스컵 2003에서 그는 No.10 성향을 가진 2명의 미드필더, 즉 호나우지뉴와 히카르지뉴를 미드필드 1선에 배치하는 클래식 4-2-2-2 시스템을 내세웠다. 중원 압박을 배제한 지역 방어 시스템에 의지하며 공격을 위한 선수들의 에너지를 비축하고, 포워드 4인방의 개인 능력을 통하여 공격의 속도를 끌어내는 80년대의 경기 방식을 다시 사용한 것이다. 결과적으로 좋지 않은 경기 내용이 반복되었다. 중원 압박의 부재로 미드필드-수비진의 후퇴 빈도가 높아지면서 공격을 위한

토대 형성에 실패한 것이 원인이었다(그림 115) (그림 116) (그림 117). 그들은 수비 불안과 득점력 빈곤에 시달리다가 끝내 조별예선에서 탈락했다(카메룬전 0 - 1 패배, 미국전 1 - 0 승리, 터키전 2 - 2 무승부. 1승1무1패 3득점 3실점으로 조 3위에 랭크).

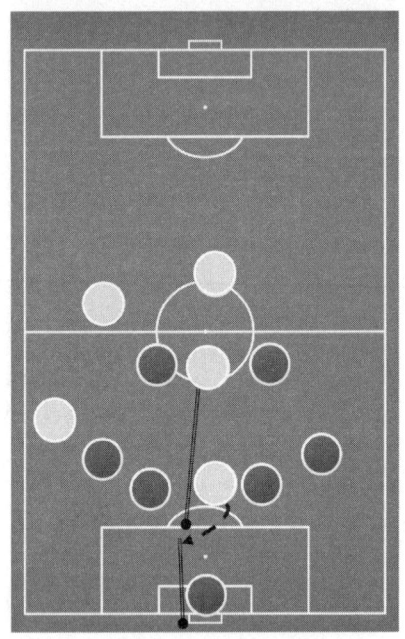

▲ (그림 115) 조별예선 카메룬전 실점상황 분석

골키퍼 디다의 골킥이 하프라인 근방으로 떨어질 때, 미드필드 중앙에서 브라질 미드필더 중 누구도 헤더 공방에 나서지 않았다. 결국 카메룬 미드필더가 어렵지 않게 볼을 차지했고, 이것이 곧바로 위기로 이어졌다. 어느 한 명이라도 볼 근처에서 경합 상황을 만들어 주었다면 나오지 않았을 장면이었다.

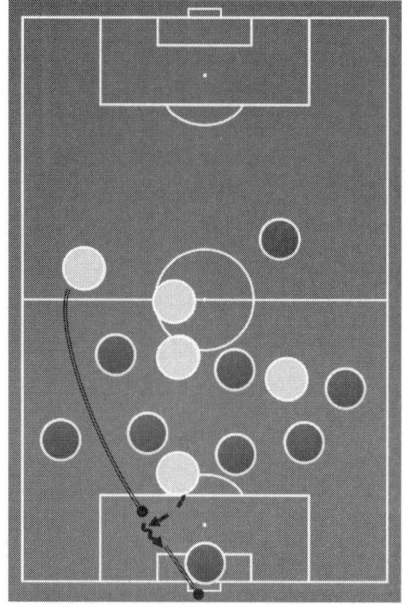

▲ (그림 116) 조별예선 터키전 첫 번째 실점상황 분석

압박을 시행하지 않는 상황에서 수비라인을 전진 배치시킨 것이 패인이었다. 상대의 침투 패스 한 번에 수비 균형이 무너졌다.

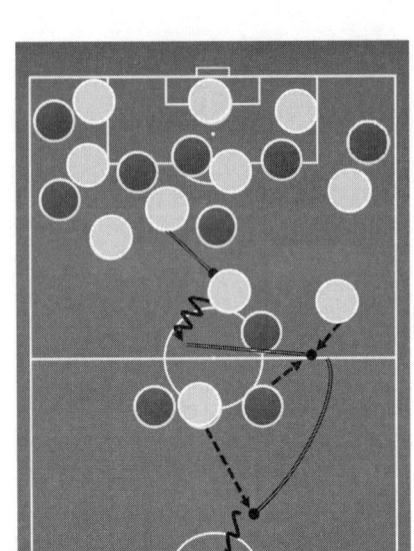

▲ (그림 117) 조별예선 터키전 두 번째 실점상황 분석

무리하게 공격진 숫자를 충원하려다가 미드필드 중간 지점과 수비라인 배후 지역이 비어버린 상황이다. (그림 116) 상황과 마찬가지로 상대의 전진 패스 한 번에 실점 위기에 처했다.

1년 뒤 페루에서 벌어진 코파아메리카 2004에서 페레이라호는 미드필드 1선 선상에 No.10 1명과 수비력이 우수한 멀티 자원 1명을 두는 압박 4-2-2-2 시스템을 사용했다. 하지만 경기 내용은 여전히 만족감을 주기에 부족했다. 측면 수비의 불안으로 야기되는 고질적인 패턴(수비 불안→풀백의 활동성 정체→공격의 너비 확보 실패→중앙 공격진의 적진 고립)이 팀의 균형을 해쳤기 때문이다(그림 118). 고비 때마다 팀을 구한 아드리아누의 활약으로 우승을 차지하기는 했으나, 결과 여부를 떠나 팀의 메인 시스템 문제는 반드

시 재고되어야 할 필요가 있었다(그림 119) (그림 120) (그림 121)-브라질은 조별예선에서 파라과이에게 1 - 2로 패하며 주춤했지만, 코스타리카와 멕시코를 연이어 대파하며 경기력을 회복했다. 그 후 우루과이와 아르헨티나를 접전 끝에 제압하며 트로피를 차지했다(우루과이와의 4강전 1(5pk3)1 승, 아르헨티나와의 결승전 2(4pk2)2 승.

▲ (그림 118) 페루 코파아메리카 2004 당시 포메이션

①- J.세자르 ②- 마이콘 ③- 루이장 ④- 후안 ⑤- 헤나투 ⑥- G.네리 ⑦- 아드리아누 ⑧- 클레베르손 ⑨- L.파비아누 ⑩- 알렉스(C) ⑪- 에두

페레이라는 소속팀 아스날에서 **4-4-2**의 중앙 미드필더로 활동하던 멀티 플레이어 에두를 미드필드 1선에 위치시켰다. 에두는 미드필드진의 전·후를 오가면서 팀의 살림꾼 역할을 수행했다. 그 덕분에 **No.10** 알렉스가 어느 정도 수비 부담을 덜 수 있었다. 하지만 두 선수 모두 가진 기량에 비해 이렇다 할 활약상을 남기지는 못했다. 압박 **4-2-2-2**가 내포하고 있는 약점이 또 다시 팀을 괴롭힌 탓이다. 당시 이

Section 04. **감독의 시대(수비형 4-2-2-2의 시대) 169**

시스템을 사용한 브라질은 어김없이 No.10 딜레마에 빠졌다. 이전 세대에서 늘 그랬던 것처럼, No.10은 대형의 실리성과 공격적인 자신의 성향 사이에서 방황했고, 이로 인해 역할 부담을 지게 된 나머지 미드필드 구성원들이 비생산적으로 에너지를 허비해야 했다.

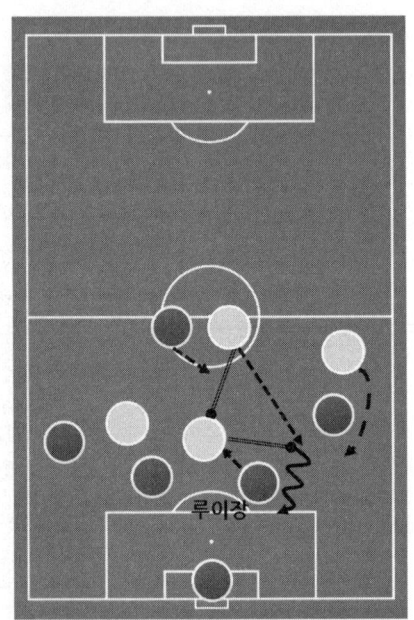

▲ (그림 119) 페루 코파아메리카 2004 결승 아르헨티나전 첫 번째 실점 상황 분석

아르헨티나 미드필더들이 미드필드진의 측면 공간을 차지하자 브라질의 미드필드진이 경기 내내 혼란에 빠졌다. 아르헨티나는 측면에서 중앙, 다시 중앙에서 측면으로 신속히 전환하는 패스 전개로 브라질의 수비 조직을 흔들었다. 그림 119는 아르헨티나의 빠른 패스 플레이에 당황한 브라질의 센터 백 루이장이 무리한 태클로 페널티킥을 허용하는 장면이다.

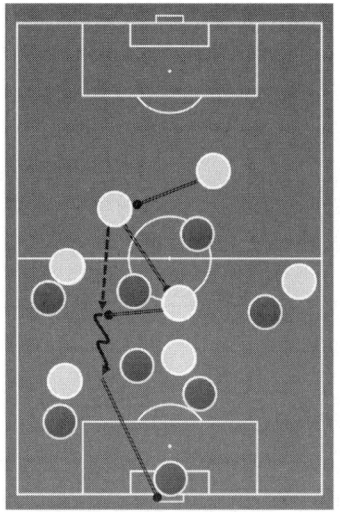

▲ (그림 120) 페루 코파아메리카 2004 결승 아르헨티나전 전반 26분 위기 상황

미드필드 주도권을 빼앗기면서 수비 블록이 앞-뒤로 크게 이동하는 현상이 반복되었다. 그림 120은 이 와중에 미드필드 후방에서 빈 공간이 발생한 상황이다.

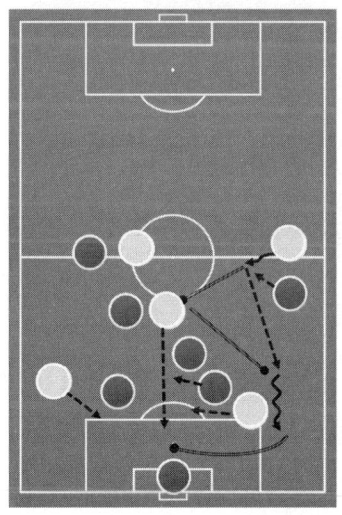

▲ (그림 121) 페루 코파아메리카 2004 결승 아르헨티나전 전반 38분 위기 상황

> 측면에서 중앙으로, 중앙에서 다시 측면으로 나아가는 아르헨티나의 정교한 패스워크가 빛을 발한 순간이다.

페레이라 부임 후 2년은 실험의 기간이었다. 하지만 선수 실험만 반복되었을 뿐, 시스템 문제를 해결하기 위한 전술 실험은 결여되었다. 컨페더레이션스컵과 코파아메리카에서 그가 각각 내세운 전형은 이전 세대가 사용했던 것들과 다르지 않았다. 이러한 이유로 브라질은 매번 같은 문제를 답습해야 했다.

우수한 선수들을 발굴하는 것도 중요하지만, 경기에서 이겨나가려면 무엇보다 시스템 설계가 명확해야 한다. 그런 의미에서 페레이라호의 행보는 많은 아쉬움을 남겼다.

요점정리

1) 스콜라리의 뒤를 이어 새롭게 부임한 카를로스 페레이라는 프랑스 컨페더레이션스컵 2003, 페루 코파아메리카 2004에 출전할 명단을 신예 선수들 위주로 구성함.
2) 재능 있는 신예들을 많이 발굴해냈지만, 98 프랑스 월드컵 이후 불거진 전술 문제를 극복하는 데 있어서는 미진한 행보를 이어감.

☐ 가마솥 안 개구리 신세가 된 페레이라 호

페루 코파아메리카 2004가 끝난 후, 페레이라 감독은 카를로스, 카푸, 에메르손, 제 호베르투, 디다 등 주전들을 대표 팀에 불러들여 월드컵 체제에 들어갔다. 그리고 No.10 2명을 미드필드 1선에 배치하는 클래식 4-2-2-2를 메인 시스템으로 공식화했다. 페레이라의 이러한 선택을 이끈 것은 빠른 성장세를 보이던 21세의 신예 플레이메이커 카카의 존재였다. AC 밀란 소속이었던 그는 03-04 시즌 후반기를 기점으로 세리아A 정상급 공격형 미드필더로 우뚝 섰다. 이로써 브라질은 세계 최고 수준의 2선 공격수를 두 명(호나우지뉴, 카카)이나 보유하게 되었다. 자연히 페레이라의 시선은 이 둘을 어떻게 공존시킬 것인가에 맞추어졌다(그림 122).

▲(그림 122) 독일 컨페더레이션스컵 2005 당시 포메이션

①- 디다 ③- 루시우 ④- 호퀘 주니오르 ⑤- 에메르손 ⑥- 지우베르투 ⑦- 호비뉴
⑧- 카카 ⑨- 아드리아누 ⑩- 호나우지뉴(C) ⑪- 제 호베르투 ⑬- 시시뉴

호나우지뉴와 카카는 독일에서 열린 컨페더레이션스컵 2005에서 처음으로 동반 출전했다. 그러나 이 조합은 대회 내내 기대 이하의 모습으로 일관했다. 공격의 중심이었던 호나우지뉴가 상대 진영의 곳곳을 누비는 동안, 카카의 영향력이 줄어든 것이 문제였다. 좌측을 선호하는 두 선수의 주

요 활동 동선이 겹친 탓이다. 호나우지뉴를 위해 우측으로 치우쳐서 움직인 카카는 제 기량을 발휘하는데 어려움을 겪었다. 이에 목표했던 공격 강화는 실패로 돌아갔다. 그러자 수비 가용 인원이 적은 미드필드진의 약점이 부각되었다.

최상의 컨디션이었던 No.9 아드리아누의 놀라운 활약 속에 우승을 차지하기는 했으나 브라질은 5경기에서 5골을 넣은 아드리아누의 활약을 앞세워 3승 1무 1패 12득점 6실점이란 성적으로 우승했다. 월드컵을 앞두고 치르는 평가전 성격이 강한 컨페더레이션스컵의 특성을 고려해 볼 때, 결과는 그렇게 중요하지 않았다. 초점을 둬야 할 대상은 경기 내용과 시스템 구도에 대한 진단이었다. 하지만 페레이라 감독은 스쿼드의 힘만 믿고 이를 간과했다. 대표 팀은 그렇게 남은 1년을 보냈다. 그리고 유력한 우승후보라는 거짓? 타이틀을 안고 월드컵이 열리는 독일로 향했다(그림 123).

▲ (그림 123) 2006 독일 월드컵 당시 포메이션

①- 디다 ②- 카푸(C) ③- 루시우 ④- 후안 ⑤- 에메르손 ⑥- R. 카를로스 ⑦- 아드리아누 ⑧- 카카 ⑨- 호나우두 ⑩- 호나우지뉴 ⑪- 제 호베르투

82 스페인 월드컵 당시 테레 산타나의 대표 팀과 여러모로 닮아 있다. 공격적인 양측 풀백, 득점력이 우수한 중앙 미드필더, 공수 능력을 두루 겸비한 앵커맨, 4명의 포워드(No.10 성향을 가진 2명의 공격형 미드필더와 전방 공격수 2명)를 배치한 것은 물론, 심지어 느슨한 지역 방어를 펼친 것까지 쏙 빼닮았다. 물론 24년 전에 썼던 전술을 현 대표 팀에 그대로 적용한 것은 시대착오적인 선택이었다.

대표 팀은 뉴질랜드와의 최종 평가전에서 4－0으로 승리한 후, 본선에서 크로아티아, 호주, 일본을 차례로 꺾으며 순항했다(크로아티아전 1－0 승, 호주전 2－0 승, 일본전 4－1 승). 물론 불안한 상승세였다. 토너먼트 전이 시작되자 그들은 곧 냉정한 현실에 부딪히고 만다.

페레이라호는 가나와 16강전을 치른 후 비로소 문제를 인지했다. 3－0으로 승리한 결과보다는 미드필드를 내어준 경기 내용을 꼼꼼하게 진단했다. 그러나 제대로 된 변화를 시도하기에는 이미 너무 늦어버린 상태였다. 프랑스와의 8강전에서 상대 플레이메이커 지네딘 지단을 의식한 페레이라는 미드필드진에 몇몇 수비 자원들을 보강했다. 에메르송 대신 대인방어가 뛰어난 지우베르투 실바를 기용하고, 호나우지뉴를 처진 포워드로 올리는 대신(아드리아누 제외) 미드필드 1선의 빈자리에 수비 가담력이 좋은 주니뉴 페르남부카누를 배치했다. 미드필드 2선 라인이 지단을 마크하는 데 집중하는 사이, 측면에 나타나게 되는 공간을 커버하기 위한 조치였다(그림 124).

하지만 한 번도 가동되어 본 적이 없는 이 조합은 완성도 면에서 불안 요소를 안고 있었다. 또한 98 프랑스 월드컵 결승전에서 사용한 전형과 새 전형의 운영 구조가 거의 같았다는 것도 문제였다. 프랑스가 그 때의 경기 스타일을 유지하고 있었던 만큼, 전술 대치 구도가 8년 전 당시와 비슷한 형태를 띠었기 때문이다(당시 브라질 vs 프랑스의 전술 대치 구도 및 주요 경기 내용에 관련된 부분은 134페이지 ▷둥가 시대의 종말, 슬럼프의 시작 참조). 즉 위의 전형 변화는 결코 좋은 수가 아니었다.

우려는 곧 현실이 되었다. 8년 전 월드컵 결승전 때와 경기 내용이 거의 같았다. 달라진 건 스코어 뿐이었다. 지단을 축으로 측면 공간을 파고든 프랑스의 빌드 업 전술에 미드필드 후방의 균형이 흔들리면서, 2선과 3선의 경기 운영이 무뎌졌다. 덩달아 공격진의 정체도 심해졌다. 결국 그들은 고전 끝에 0 - 1로 패하며 8강에서 탈락했다. 24년 만에 최상의 스쿼드를 구성하고도 명예와 실리를 모두 놓친 페레이라호는 50, 74, 90, 98 월드컵 대표 팀과 함께 브라질 축구 팬들이 가장 기억하기 싫은 세대로 남게 되었다.

▲ (그림 124) 8강 프랑스 전 브라질 포메이션

①- 디다 ②- 카푸(C) ③- 루시우 ④- 후안 ⑥- R.카를로스 ⑧- 카카 ⑨- 호나우두 ⑩- 호나우지뉴 ⑪- 제 호베르투 ⑰- G.실바 ⑲ J.페르남부카노

요점정리

1) 호나우지뉴와 카카를 보유하게 된 페레이라는 80년대에 자주 쓰였던 클래식 4-2-2-2를 팀의 메인 시스템으로 설정함.
2) 호나우지뉴와 카카가 구성한 미드필드 1선 조합이 기대와는 달리 시너지 효과를 내지 못함. 공격진의 조직력 약화, 수비 운영의 약점 부각.
3) 불안 요인들을 극복하지 않은 채 월드컵에 나선 그들은 8강전에서 고비를 맞이함. 프랑스에 0 - 1로 패하며 탈락.

3 카를로스 둥가의 4-2-2-2 시스템(2010 남아공 월드컵 세대)

❏ 배경

페레이라호가 2006 독일 월드컵 본선에서 고전하자, 브라질 축구 협회는 대회 종료 후 '위대한 캡틴' 카를로스 둥가를 감독으로 선임했다. 그는 비록 지도자로서의 경험은 부족했지만, 젊고 패기 있는 인물이었다. 또한 성격이 꼼꼼하고 리더십이 강한 인재였다. 축구협회는 그의 이러한 성향이 이전 세대에서 경시되었던 팀 정신력을 회복시킬 수 있을 것이라 내다봤다.

❏ 플랜B(압박형 4-2-2-2)

카를로스 둥가가 압박 4-2-2-2의 No.10 딜레마를 어떻게 풀 것인가 여부는 자국 축구계의 큰 관심거리였다. 그는 자신의 첫 번째 메이저 대회인 베네수엘라 코파아메리카 2007에서 90년대에 구축된 압박 4-2-2-2 시스템을 들고 나왔다. 우선 4-2-2-2를 골자로 스테미너가 강한 앵커맨 미네이루가 4백을 보호하고, 지우베르투 실바가 포어-리베로로 포진하여 미네이루와 4백 사이의 틈을 차단했다. 그리고 공격형 미드필더 엘라누가 자주 미드필드 2선으로 내려가 이들을 도왔다. 세부 전술 설정에 있어서도 특이점은 없었다.

남은 과제는 'No.10 활용법'을 찾는 것이있다. 카카, 호니우지뉴가 빠진 가운데, 둥가는 분데스리가 최고의 플레이메이커 디에구 리바스를 팀의 No.10으로 낙점했다. 그러나 이 카드는 멕시코와의 조별예선 1차전에서 역효과만 냈다. 디에구는 팀 공격의 속도를 살려나가는 타입이 아닌, 자신의 템포로 팀 공격을 주도하는 타입의 미드필더였다. 반면 둥가는 빠른 템포의 공격 운영과 간결한 전개를 강조하는 지도자였다. 이 차이를 극복하지 못한 것이 문제였다(그림 125).

전반 내내 디에구는 둥가의 시스템 성향에 부합하려고 노력했다. 하지만 그럴수록 자신이 가진 날카로움을 잃어갔다. 결국 No.10의 이렇다 할 지원을 받지 못한 공격수들의 활동이 무력해졌다. 처진 포워드 호비뉴는 좌측면에서, 센터 포워드 바그네르 러브는 문전에서 상대의 강압 수비에 고립된 채 외로이 사투해야 했다(그림 126).

▲ (그림 125) 멕시코전 브라질 포메이션

②- 마이콘 ③- 알렉스 ④- 후안 ⑤- 미네이루 ⑥- 지우베르투 ⑦- 엘라누 ⑧- G.실바(C) ⑨- 바그네르 러브 ⑩- 디에구 ⑪- 호비뉴 ⑫- 도니

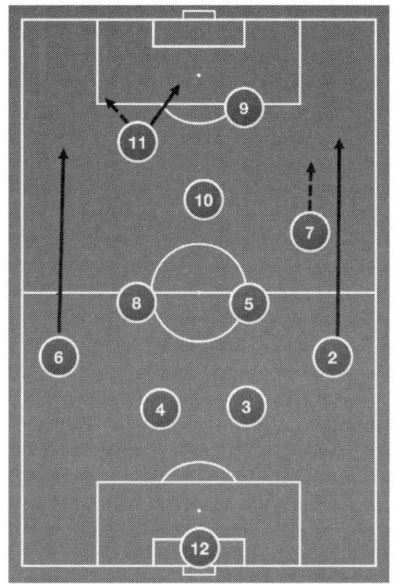

▲ (그림 126) 공격 시 시스템 도면 4-2-2-2(4-2-3-1)

득점 기회는 주로 측면을 기점으로 만들어나갔다. 왼쪽은 포워드 호비뉴가, 오른쪽은 풀백 마이콘이 주축이 되었다. 호비뉴는 왼쪽 터치라인에서 문전으로 진입하는 플레이를 자주 시도했는데, 이때마다 왼쪽 풀백 지우베르투가 전진배치하여 좌측면 공격의 균형을 잡아주었다. 반면 우측에서는 공격형 미드필더 엘라누가 미드필드 2선까지 내려와 마이콘의 공격 가담을 지원했다. 엘라누의 수비 커버 능력과 정확한 패스는 마이콘의 공격력을 극대화시켰다.

디에구는 수비 운영에도 보탬이 되지 않았다. 침투 시에는 주로 호비뉴가 문전으로 진입하고 지우베르투가 측면의 높은 지점으로 이동하는 구도가 펼쳐지게 된다. 이 때, 디에구가 왼쪽 미드필드 지역을 커버하기 위한 준비를 하고 있어야 한다. 하지만 공격에 집중한 그의 움직임은 늘 이 구역의 위험을 키웠다. 수비 전환 과정에서 상대가 이곳으로 빠르게 진입해 들어오면, 팀의 수비 블록은 항상 압박을 해제하고 뒤 선으로 물러나야 했다(그림 127) (그림 128).

전반전에만 두 골을 내주며 끌려가게 되자 둥가는 후반 시작과 함께 디에구를 벤치로 불러들였다. 대체자는 맨체스터 유나이티드의 신예 미드필더 안데르손이었다. 물론 그가 팀의 No.10으로서 만족스러운 역량을 갖춘 것은 아니었다. 하지만 속도전에 익숙하고, 수비에 적극 가담하는 그의 스타일이 최소한 둥가의 전술적 색깔에 반하지는 않았다. 그가 투입된 시점부터 브라질은 어느 정도 팀 조직력을 회복하는 모습을 보였다. 이 결과 후반전은 0 - 0으로 팽팽한 균형을 이루며 마무리될 수 있었다(최종 결과는 0 - 2 패).

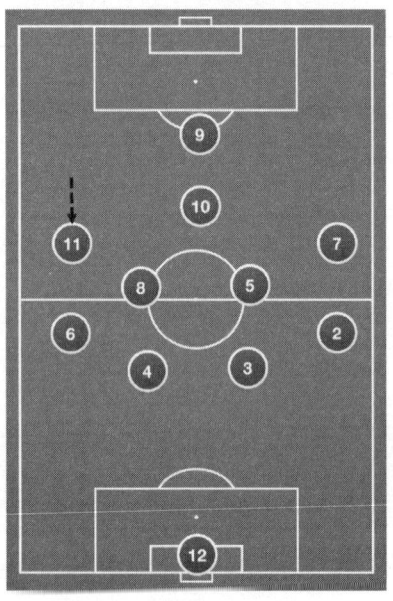

▲ (그림 127) **수비 시 시스템 도면** 4-4-1-1

수비 시에는 포워드 호비뉴가 미드필드진의 좌측으로 이동하면서 **4-4-1-1**의 형태를 갖추었다. 하지만 상대 역습에 대한 디에구의 느슨한 압박과 호비뉴의 부족한 수비 능력 때문에 왼쪽 수비가 늘 불안했다.

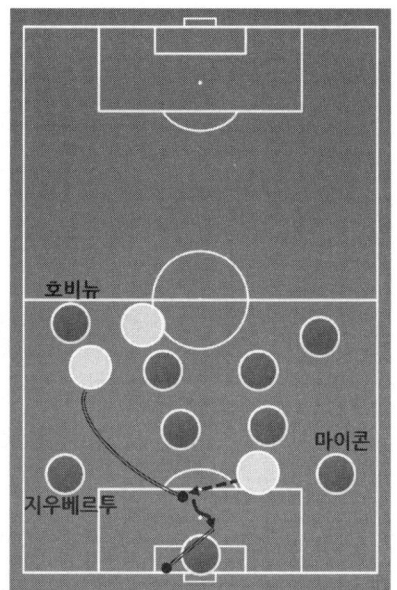

▲ (그림 128) 조별예선 멕시코전 첫 번째 실점 장면 분석

호비뉴의 수비 실패가 원인이 되어 멕시코의 미드필더들이 중원에서 자유롭게 볼을 가지게 된 상황이다. 이 때, 중앙 수비진이 기지를 발휘하며 신속하게 전진 수비를 폈지만, 풀백들이 미처 오프사이드 트랩에 가담하지 못하면서 빛이 바래졌다. 결과적으로 배후 공간이 뚫리며 멕시코 공격수에게 단독 기회를 내주었다.

둥가는 칠레와의 조별예선 2차전에서 디에구를 선발 명단에서 제외했다. 그 자리는 멕시코전 후반에 나와 준수한 활약을 펼쳤던 안데르손이 대신했다(그림 129). 미드필드 1선에서 상대 수비형 미드필드진과 투지 있게 부딪혀준 그의 움직임은 중원 운영의 버팀목이 되어주었다. 이 결과 팀은 보다 많은 공격 기회를 얻을 수 있었다. 그러나 미드필드진의 공격 지원은 그다지 정교하지 않았다. 미드필드 1선→1선으로 넘어가는 과정에서 뚜렷한 루트가 없었다. 포워드에게 전해지는 전진 패스, 2선 플레이어의 문전 쇄도, 롱 숏 등 어떤 면에서도 날카로움을 찾아보기 어려웠다. No.10 안데르손의 부족한 공격력이 원인이었다. 결국 빌드 업, 침투 과정에서 처진 포워드 호비뉴가 No.10 역할에도 적극 관여해야 했다. 무기력했던 칠레를 맞아 완승을 거두긴 했지만(절정의 컨디션을 선보인 호비뉴가 해트트릭을 기록하며 팀의 3 - 0 승리를 이끌었다.), No.10 자리의 적임자 선정에 대해서는 여전히 고민거리를 남긴 경기였다(그림 130).

▲ (그림 129) 칠레전(조별예선) 포메이션

②- 마이콘 ③- 알렉스 ④- 후안 ⑤- 미네이루 ⑥- 지우베르투 ⑦- 엘라누 ⑧- G.실바(C) ⑨- 바그네르 러브 ⑳- 안데르손 ⑪- 호비뉴 ⑫- 도니

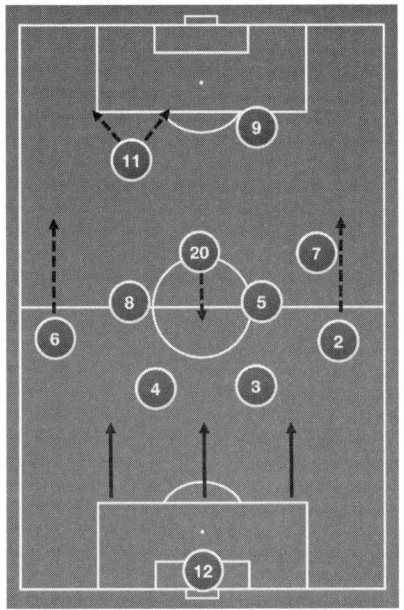

▲ (그림 130) 칠레전 압박→역습 시스템 구도

No.10 안데르손의 투지 넘치는 움직임은 미드필드진의 압박 위치를 하프라인까지 끌어올렸다. 하지만 안데르손의 불안한 볼 터치와 잦은 패스 미스는 역습 전개에 별 다른 도움이 되지 못했다. 결국 둥가 감독은 후반 시작과 함께 그를 빼고 그 자리에 또 다른 공격 자원인 줄리오 바프티스타를 기용하며 대열을 정비했다. 바프티스타는 남은 시간 동안 왕성한 활동량을 선보이며 팀 승리에 기여했다.

조별예선 1,2차전에서 나타난 문제의 근원은 선발 출장한 No.10의 부진이었다. 1차전에 나온 디에구는 빠른 공수 전환이 요구되는 둥가의 전술에 동화되지 못했고, 2차전에 출전한 안데르손은 부족한 공격력으로 전방 운영에 부담을 안겼다. 즉 이 위치에는 속도전에 능하고 수비 가담력과 공격력을 두루 갖춘 선수가 필요했다. 칠레 전에 교체로 출전하여 무난한 활약을 펼친 바 있는 줄리오 바프티스타가 당시 팀에서는 스타일상 가장 적임자에 가까웠다-참고로 그는 패스 보다 롱 슛과 전방 침투에 강점이 있는 처진 공격수, 혹은 공격형 미드필더였다. 둥가는 에콰도르와의 조별예선 3차전에 No.10으로 나설 선발 주자로 바프티스타를 선택했다. 그리고 그에게 적극적인 1선 침투를 주문했다.

또한 둥가는 No.10의 1선 침투가 잦아질 경우 미드필드 1선의 방어선이 약해질 것을 대비해 공격형 미드필더 엘라누를 선발에서 제외하는 대신, 백업 수비형 미드필더 조수에를 미드필드 2선의 왼쪽에 기용했다(4-3-1-2 형성). 왼쪽 수비 불안을 해소함과 동시에 미드필드진의 수비력을 보강하여 바프티스타의 문전 쇄도를 원활하게 이끌어내겠다는 계산이었다(그림 131).

하지만 뜻대로 진행되지 않았다. 바프티스타가 1선으로 넘어갈 때, 전방으로 패스를 투입해 줄 미드필더가 없었기 때문이다. 엘라누의 부재가 드러난 대목이었다. 조수에가 미드필드 1선까지 폭넓게 움직이며 분투해봤지만, 이것만으로는 부족했다. 결국 이 경기에서도 미드필드진의 공격 활동이 경직되고 말았다. 호비뉴는 또 다시 1선과 2선을 넘나들며 역할 부담을 져야했다.

이 시스템은 호비뉴가 원맨쇼를 펼쳤던 에콰도르, 칠레전(8강)에서는 별 탈 없이 운영되었지만, 호비뉴의 움직임을 면밀하게 분석한 우루과이를 맞아서는 팀을 패배 직전까지 몰아갔다(승부차기까지 가는 접전 끝에 2(5pk4)2 승리). 상대의 집중 견제에 묶인 호비뉴의 역할을 바프티스타가 대체해야 하는 상황에서, 미드필드 1선의 균형이 흐트러진 게 화근이었다. 전방 진입이 잦았던 바프티스타의 활약으로 1선의 화력은 유지되었으나, 그럴수록 2선의 운영은 더 큰 어려움에 처했다. 이는 곧 상대 역습의 빌미가 되었다(그림 132).

Soccer Tactics

③- 알렉스 ④- 후안 ⑤- 미네이루 ⑥- 지우베르투 ⑧- G.실바(C) ⑨- 바그네르 러브 ⑪- 호비뉴 ⑫- 도니 ⑬ - 다니엘 알베스 ⑰- 조수에 ⑲ J.바프티스타

▲ (그림 131) 조별예선 에콰도르전 포메이션

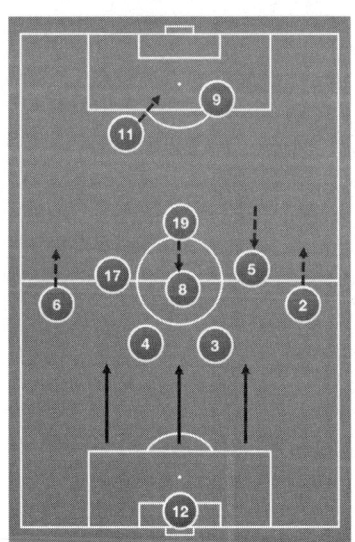

미드필드에 수비 자원을 여러 명 배치한 것이 오히려 해가 되었다. 2선에서 1선으로 향하는 전진 패스의 정확도가 떨어지면서 상대에게 역습을 자주 내주었다. 후반전 들어 결국 중원에서 주도권을 빼앗기더니 70분경에 동점골을 허용하고 말았다. 그 후 둥가는 아폰수 아우베스, 디에구, 페르난두 등 공격 전문 자원을 대거 투입하며 분위기 반전을 꾀했다. 하지만 실속은 없었다. 2 - 2 무승부를 기록한 양 팀은 끝내 승부차기에서 결승 진출 팀을 가려야 했다. 최종 결과는 2대(5pk4) 2 브라질의 승리였다.

▲ (그림 132) 우루과이전 압박→역습 시스템 도면

Section 04. 감독의 시대(수비형 4-2-2-2의 시대) **185**

둥가호의 결승전 상대는 라이벌 아르헨티나였다. 4강전까지 5전 전승 16득점 3실점을 기록한 완벽에 가까운 팀이었다. 벼랑 끝에서 간신히 살아나온 브라질에게는 여러모로 버거운 상대였다. 경고 트러블에 걸린 '캡틴' 지우베르투 실바의 결장으로 전력 누수가 불가피했던 만큼 더욱 더 그랬다-지우베르투 실바는 8강전과 4강전에서 각각 경고 1장을 받아 결승전 출전이 무산되었다-. 특단의 전술적인 조치와 선수단의 철저한 정신무장이 열세를 극복할 유일한 방법이었다.

둥가는 지우베르투 실바의 위치에 미네이루를 배치하고, 미드필드 1선에 엘라누를 투입하며 아르헨티나전에 나섰다(4-2-2-2 재가동). 결승전을 대비한 필승 전략이라고 보기에는 어려웠지만, 어쨌든 이 변화는 팀에 긍정적인 에너지를 부여했다. 엘라누의 가세로 그간 미드필드 2선→전방으로 넘어가는 과정에서 나타났던 문제가 해소되었고, 이를 통해 본연의 역할에 집중할 수 있게 된 줄리오 바프티스타가 필요 시 수비에도 착실히 가담해주면서 압박의 균형 또한 어느 정도 안정을 찾았다. 대회가 시작된 이래 처음으로 공격과 수비가 균형을 이루게 된 것이다(그림 133). 전반 5분 만에 선제 득점을 기록하자 선수들은 일찌감치 분위기를 타며 경기를 주도해 나갔다(그림 134) (그림 135). 결국 3 - 0으로 승리한 브라질은 당당하게 코파아메리카 우승 트로피를 들어올렸다.

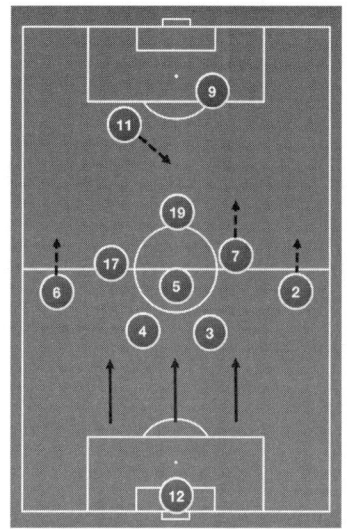

▲ (그림 133) 결승 아르헨티나전 압박→역습 시스템 도면

엘라누가 복귀하면서 미드필드 2선→1선으로 넘어가는 과정이 매끄러워졌다. 이를 계기로 역할 부담에서 벗어난 호비뉴가 줄리오 바프티스타와 전방에서 유기적으로 협력했다. 전-후방에서 각각 호비뉴-엘라누의 지원을 받게 된 줄리오 바프티스타 또한 활동에 대한 짐을 내려놓고 본연의 역할에 집중했다. 그는 보다 편하게 적진을 넘나들었고, 수비에도 적극 가담하며 미드필드 운영에 기여했다. 이로써 공-수 균형을 탄탄하게 갖추게 된 브라질은 90분 내내 우세한 경기를 펼치며 상대를 몰아쳤다.

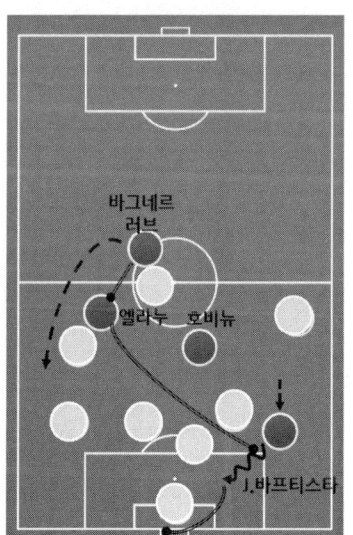

▲ (그림 134) 줄리오 바프티스타의 선제골 상황 분석

브라질의 역습이 전개될 때, 센터 포워드 바그네르 러브는 하프라인 아래쪽에, 처진 포워드 호비뉴는 미드필드 1선에 위치해 있다. 아르헨티나의 4백은 호비뉴를 견제하기 위해 전진 수비를 펴고 있다. 이 때, 적진에 큰 공간이 발생했다. 이 공간을 줄리오 바프티스타가 속히 파고들었다. 그리고 오른쪽 미드필드 지역에서 볼을 소유한 엘라누의 롱 패스가 그에게 정확히 도달되면서 득점 기회가 났다.

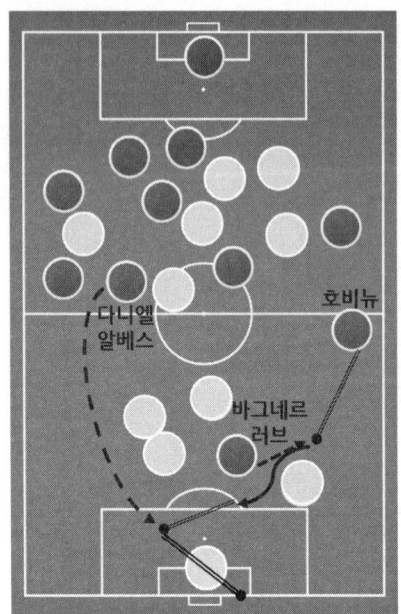

▲ (그림 135) 다니엘 알베스의 추가골 상황 분석

코너킥 수비 후 역습 상황. 하프라인 근방에서 호비뉴의 전진패스를 받은 바그네르 러브가 개인 드리블로 아르헨티나 수비수들의 움직임을 자신 쪽으로 끌어놓은 후, 우측면의 오픈 공간으로 쇄도하던 다니엘 알베스에게 어시스트를 제공했다. 참고로 알베스는 전반 막판에 부상으로 빠진 엘라누의 자리에 투입된 선수였다. 엘라누가 정교한 패스로 1선과 미드필드 2선을 연결하는 데 주력했다면, 알베스는 주로 우측면으로 빠져서 공간 침투와 개인 돌파를 시도하며 직접 공격 상황에 관여했다.

2010 남아공 월드컵을 겨냥한 시스템의 토대는 코파아메리카 2007 결승전을 기점으로 윤곽이 잡혔다. 앵커맨-포어-리베로를 앞세운 중원 압박→앵커맨-공격형 미드필더 1명을 축으로 한 빌드 업→No.10의 속도감 있는 페네트레이션(침투)은 둥가식 선 압박 후 역습의 주된 패턴으로 자리 잡았다. 하지만 둥가 호가 다가오는 월드컵에서 4-2-2-2로 우승을 노리고자 한다면,

미드필드 1선의 공격력을 조금 더 보강할 필요가 있었다. 언제나 그랬듯, 세계 최고 수준의 No.10이 2선 공격의 선봉으로 자리해야 했다. 역습에 능한 AC 밀란의 No.10 카카가 적임자였다. 그러나 수비력이 부족한 그를 기용할 경우 '중원 압박'의 균형이 위태해질 가능성이 다분했다. 카카의 공격성과 압박 4-2-2-2의 실리성을 어떻게 조화시킬 것인가. 이는 대회 후 둥가가 해결해야 할 과제로 남았다.

요점정리

1) 코파아메리카 2007에서 카를로스 둥가는 90년대에 고안된 압박 4-2-2-2로 팀을 정비함.
2) No.10 디에구와 둥가의 전술 스타일이 조화되지 못하면서 멕시코와의 1차전에서 0 - 2로 패함.
3) 칠레전에서 디에구를 빼고 투지가 있는 안데르손을 기용하자, 중원이 강화되면서 호비뉴의 공격성이 살아남. 단 안데르손의 약한 공격력은 전방의 호비뉴에게 역할 부담을 안겨줌.
4) 백업 공격 자원인 줄리오 바프티스타와 백업 앵커맨 조수에를 각각 No.10, 왼쪽 미드필더로 기용한 에콰도르, 우루과이 전에서는 2선→1선으로 넘어가는 패스 정확도가 낮아짐. 역습 허용 빈도 증가. 수비 불안 가중.
5) No.10 줄리오 바프티스타와 공격형 미드필더 엘라누를 미드필드 1선에 배치한 아르헨티나와의 결승전에서 빌드 업과 문전 플레이, 중원 압박이 동시에 살아남.
6) 이른 선제 득점으로 기세를 잡고 3 - 0으로 승리함. 코파아메리카 2연속 우승 달성 (2004 페루 대회, 2007 베네수엘라 대회).

❑ **플랜A**(수비형 4-2-2-2)

줄리오 바프티스타를 내세운 압박 4-2-2-2는 어디까지나 플랜B였다. 브라질의 플랜A는 세계 수준의 No.10을 중심으로 구성할 필요가 있었다. 하지만 정상급 No.10과 압박 4-2-2-2의 조화는 오래도록 대표 팀이 풀지 못한 숙제였다. 코파아메리카 2007이 끝난 후 이에 대해 고민하던 둥가 감독은 2010 남아공 월드컵 남미지역 예선을 앞두고 새로운 안을 제시했다. 팀의 전술 기조를 '선 압박 후 역습'에서 '선 수비 후 역습'으로 바꾼 것이다.

그간 브라질 축구계에서는 현대화론자들일수록 미드필드에서의 타이트한 사전 수비, 즉 압박 전술을 강조했다. 기술이 좋은 반면 비교적 피지컬이 약한 수비 자원들의 특성을 고려해 볼 때, 힘이 좋은 유럽 공격수들과 실점 가능 지역(즉 페널티 에어리어)에서 대치하는 것은 위험하다는 판단에서다. 중원 압박을 시스템 운영의 기저로 당연시 여겨왔다는 말이다.

하지만 둥가의 생각은 달랐다. 21세기로 들어서서는 자국의 톱 수비 자원들도 유럽 수비수들을 웃도는 강건한 피지컬을 갖추었다고 내다봤다. 실제로 2002 한일 월드컵을 기점으로 대표 팀 수비의 기둥이 된 루시우는 188cm, 81kg의 우람한 체격과 체력을 겸비한 세계 수준의 센터 백이었다. 루시우 외에도 벤피카의 루이장(192cm,81kg), PSV 아인트호벤의 알렉스(188cm,92kg), 파나시나이코스 FC의 지우베르투 실바(185cm,78kg), 인테르 밀란의 마이콘(184cm, 77kg) 등 체격, 근력, 체력, 투지를 모두 갖춘 수준급 수비 자원이 대표 팀에 다수 포진해 있었다. 이는 80년대 후반부터 '피지컬 경쟁력 강화'를 목표로 쉼 없이 달려온 자국 축구계의 부단한 노력이 빚어낸 결과였다. 즉 브라질 선수들이 더 이상 페널티 에어리어 내에서 시행하는 수비 운영에 두려움을 느낄 까닭이 없었다.

둥가는 이를 간파하여 수비 진영을 짰다. 4백과 앵커맨 사이에 포어-리베로를 두는 기존의 배치 방식에 기초하되, 중원에서의 압박 수비는 확실한 가로채기 상황이 왔을 때(즉 상대의 패스 흐름이 2선의 특정 구역에서 정체될 때, 상대가 2선에서 실수를 저지를 때 등)에 한하여 가동했다. 대신 수비진의 위치(더블 보란치-4백의 활동 위치)를 후방(페널티 박스 근체)으로 내려 상대의 공격에 신중히 대응하는 수비 방식을 적극 도입했다. 이로써 브라질 축구 역사상 가장 수비적이었다고 평가되는 둥가호의 시스템 토대가 완성되었다(그림 136) (그림 137) (그림 138).

▲ (그림 136) 남아공 컨페더레이션스컵 2009 당시 브라질 포메이션

①- J.세자르 ②- 마이콘 ③- 루시우(C) ⑤- F.멜루 ⑧- G.실바 ⑨- L.파비아누 ⑩- 카카 ⑪- 호비뉴 ⑭- 루이장 ⑯- A.산토스 ⑱- 하미레스

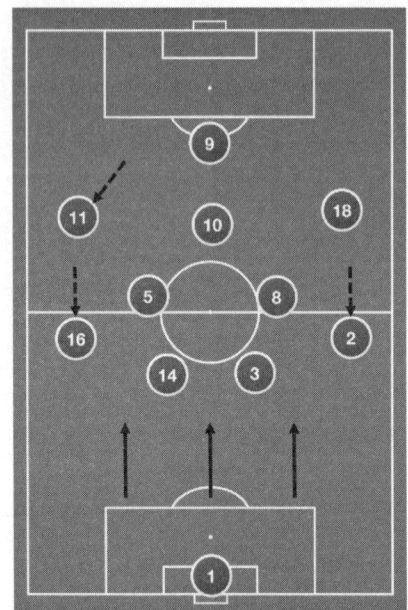

▲ (그림 137) 사전 수비 형태

수비 전환시, 4-2-3-1로 사전 수비를 했다. 처진 포워드 호비뉴를 좌측 미드필드 진영으로 이동시켜 대형을 갖췄다. 목표는 어디까지나 상대의 빌드 업 속도와 방향을 1차적으로 제한하는 것이었다.

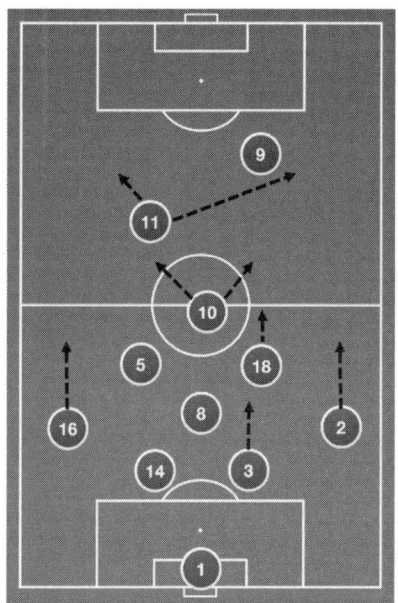

▲ (그림 138) 뒤선 수비→역습 형태

1) 뒤선 수비 : 4-2-3-1로 상대의 빌드 업 진행을 방해한 후에는 즉시 하미레스가 미드필드 후방으로 내려가고, 1차 수비에 가담했던 호비뉴와 카카가 전방에 대기하면서 4-3-1-2(혹은 4-3-2-1)로 전환했다.

2) 역습 : 역습은 기술과 체력을 두루 겸비한 수비진(더블 보란치-4백)의 속도감 있는 패스 지원 아래 공격 트리오 카카, 파비아누, 호비뉴가 주도했다. 이 중 카카, 호비뉴가 미드필드 1선에서 역습의 템포와 방향을 조율했다. 주로 카카가 후위를 받치고 호비뉴가 문전으로 대시하는 빈도가 높았다. 그리고 풀백 안드레 산토스-마이콘과 중원의 엔진이었던 하미레스도 호시탐탐 전방 침투 기회를 엿봤다. 간간이 나오는 센터 백 루시우의 오버래핑 역시 위력이 있었다. 루시우가 공격에 가담하면, 그 뒤 공간은 주로 지우베르투 실바가 커버했다.

둥가가 수비 운영의 거점을 후방에 둔 것은 4-2-2-2 대형의 공격적인 특성들을 탄탄한 수비를 토대로 끌어내기 위해서였다. 수비진의 후퇴는 두 가지의 전술 효과를 기대케 한다. 하나는 No.10의 수비 역할 비중을 낮출 수 있다는 것이다. 수비 대형을 전진 배치할 경우, 4백의 배후를 보호하기 위한 공격 자원들의 수비 가담이 불가피해진다. 반면 4백의 배후를 먼저 차단할 시에는 높은 지점에서 상대의 공격을 강하게 저지하지 않아도 수비 대열을 유지하는 것이 가능하다. 이는 곧 미드필드 1선 구성원들이 수비 부담을 덜 수 있는 요인이 된다. No.10의 공격성을 중요하게 여기는 4-2-2-2 시스템의 운영에 있어 가치가 높은 사항이다. 또 하나는 앞 선의 공간을 보다 넓게 활용할 수 있다는 것이다. 직선적인 돌파(문전 침투, 1대 1 돌파, 슛, 전진 스루패스 등)에 능한 브라질 선수들의 특성과 부합하는 사항이다. 결과적으로 카를로스 둥가는 2스트라이커+No.10을 위시한 공격성과 안정된 수비를 조화시키는데 성공했다. 이것은 피지컬이 강한 톱클래스 수비 자원들의 등장과 고정관념을 깬 둥가의 전술 설계가 빚어낸 결과였다. 20여 년간 지속되어 온 현대화론자들의 전술 고민은 이로써 해소되었다(그림 139) (그림 140) (그림 141).

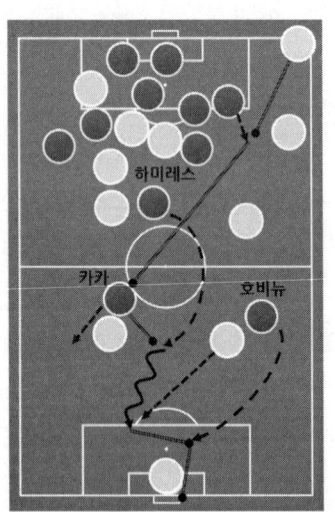

▲ (그림 139) 미국전 두 번째 골 상황 분석

코너킥 수비 후 역습 상황에서 만들어 낸 골이다. 카카를 벽으로 삼아 후방에서 전방으로 전력 질주한 하미레스의 스피드를 살린 것이 주효했다.

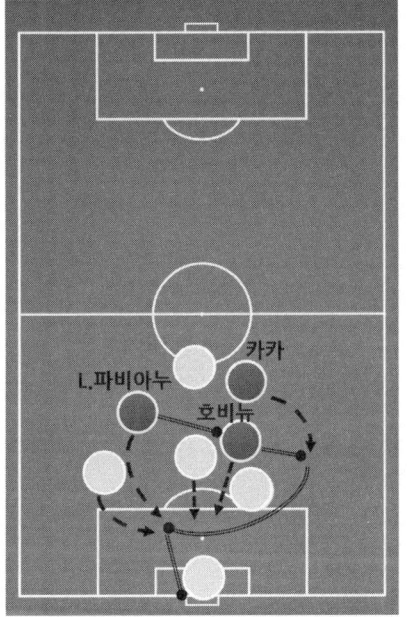

▲ (그림 140) 이탈리아전 두 번째 골 상황 분석

더블 보란치가 상대의 공격을 중도 차단한 후 공격 삼각 편대가 역습 기회를 살려내는 상황이다. 전방에서 파비아누가 왼쪽의 호비뉴에게 패스했을 때, 카카가 좌측면 공간으로 쇄도하면서 볼을 가진 호비뉴의 패스 선택지를 늘려주고 있다. 호비뉴는 카카에게 패스한 후 전방으로 이동하고, 카카는 슛 포지션으로 들어가는 호비뉴에게 지체 없이 볼을 투입했다. 위험 지역으로 침투한 호비뉴를 막기 위해 이탈리아의 수비수들이 태클을 가하려하자, 호비뉴는 침착한 페인트 동작으로 더 좋은 공간으로 진입하고 있던 파비아누에게 볼을 넘겨줬다. 파비아누는 골키퍼와 1대 1로 맞선 상황에서 침착한 슛으로 득점에 성공했다.

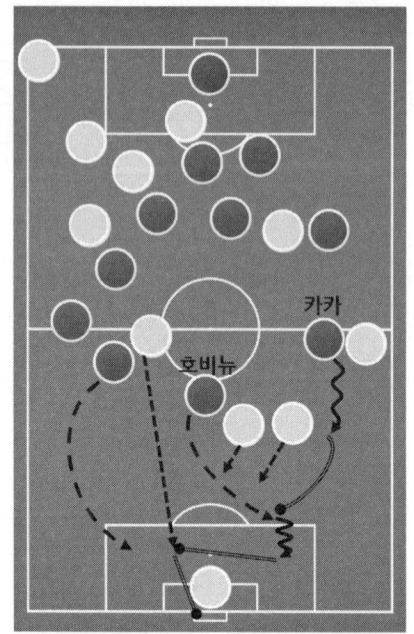

▲(그림 141) 이탈리아전 세 번째 골 상황 분석

> 코너킥 수비 후 역습 상황. 카카가 혼전 중에 상대 공격자의 볼을 가로챈 것이 주효한 장면이다. 카카는 하프라인 부근까지 빠르게 전진한 후 전방으로 침투하던 호비뉴에게 오픈 찬스를 제공했다. 호비뉴는 좌측 페널티 에어리어 부근에서 적진 골문을 겨냥한 날카로운 패스로 상대의 자책골을 유도했다.

4-2-2-2에 선 수비 후 역습 개념을 적용한 둥가의 아이디어는 가장 브라질적인 전형과 가장 현대적인 전술 패턴을 조화시켰다. 이는 카카가 부상을 털고 팀에 합류한 2010 남아공 월드컵 남미지역예선 중반부를 기점으로 빛을 보기 시작했다. 그들은 이 시스템과 코파아메리카 2007에서 완성한 플랜B를 상황에 따라 적절히 섞어가며 2010 남아공 월드컵 남미지역예선 1위, 남아공 컨페더레이션스컵 2009 전승 우승이라는 위업을 이뤄냈다.

> **요점정리**
>
> 1) 카를로스 둥가는 4-2-2-2와 현대화의 접점을 찾기 위해 수비 운영의 거점을 최후방 구역으로 설정함(즉 중원에서 상대의 실수를 유발하는 능동적인 수비가 아닌, 후방에서 상대가 실수할 때를 신중하게 기다리는 수동적인 수비를 지향함). 미드필더, 수비진의 피지컬 능력 상승이 이 선택을 끌어낸 원동력이 됨.
> 2) 전술 패턴 변화 후 수비 부담을 던 No.10의 공격성이 배가 됨.
> 3) 역습 전술의 활성화는 직선적인 돌파에 능한 특유의 장점을 극대화시킴.
> 4) 한층 깊이가 더해진 수비진과 짜임새 있는 역습을 앞세워 전통주의와 현대화론 간의 오랜 갈등을 해소함.

❏ No.10 딜레마 속에 수렁에 빠진 16년만의 드림팀

4-2-2-2와 선 수비 후 역습은 최상의 케미스트리를 이뤄냈다. 둥가호의 공-수 밸런스는 완벽에 가까웠다. 다만 공격 구성에서 한 가지 제약이 생겼다. 역습 시, 수비진(더블 보란치+4백)과 1선 사이의 넓은 간격을 조속히 이어줄 수 있는 스피디하고 간결한 타입의 미드필더가 아니면, 팀의 No.10이 되기 어렵다는 점이 그것이다. 디에구 리바스를 비롯하여 브라질 내에서 흔히 찾아볼 수 있는 클래식 No.10(즉 볼을 오래 소유하는 타입의 No.10)은 이 전술의 도입과 함께 대표 팀에서 설 자리를 잃었다. 속도가 강조되는 축구계의 흐름에서 비록 디에구 같은 타입이 트렌디한 스타일은 아니지만, 공격 시 중앙 밀집성이 두드러지는 4-2-2-2 시스템에서는 여전히 활용가치가 높다. 4-2-2-2가 측면을 폭넓게 쓰는 전형이 아닌 만큼, 미드필드 1선에서 다양성(창조성, 의외성, 정교한 스루 패스 등)을 최대한 확보하는 것이 중요하다는 점에서다. 결국 둥가는 월드컵을 앞두고 No.10 딜레마에 빠졌다.

딜레마의 요지는 카카의 대체자 부재였다. 만약 카카의 컨디션이 나쁘거나 혹은 그가 결장하게 될 경우, 문제가 발생할 소지가 있었다. 그런 의미에서 디에구와 호나우지뉴의 엔트리 탈락은 아쉬운 대목이었다. 이들은 카카에 버금가는 기량을 가진 선수들이었으나 전술상의 이유로 최종 엔트리 명단에서 제외되었다. 호나우지뉴는 체력과 스피드 저하로 미드필더와 수비수들의 피지컬 능력을 중시하는 둥가의 전술에 어울리지 않았고, 개성이 뚜렷한 디에구 역시 대표 팀의 수동적인 템포 운영에 동화되지 못했다. 둥가의 시스템이 세계 정상급 플레이메이커 세 명 중 두 명을 팀에서 내친 것이다. 어쩔 수 없이 둥가는 카카를 앞세운 플랜A와 줄리오 바프티스타 중심의 플랜B만으로 월드컵의 기나긴 여정에 나서야 했다. 플랜B는 어디까지나 플랜A의 임시 대안일 뿐이었다. 미드필드 1선의 공격 선봉인 바프티스타의 역량이 월드컵 우승 팀의 주전으로서는 부족한 점이 많기 때문이다. 즉 둥가호는 사실상 플랜A만 가지고 본선에 나선 것이나 다름없었다(그림 142) (그림 143).

▲ (그림 142) 2010 남아공 월드컵 당시 브라질 포메이션 - 플랜A -

①-J.세자르 ②-마이콘 ③-루시우(C) ④-후안 ⑤-F.멜루 ⑥-M.바스토스 ⑦-엘라누
⑧-G.실바 ⑨-L.파비아누 ⑩-카카 ⑪-호비뉴

▲ (그림 143) 2010 남아공 월드컵 당시 브라질 포메이션 - 플랜B -

①-J.세자르 ②-마이콘 ③-루시우(C) ④-후안 ⑤-F.멜루 ⑥-M.바스토스
⑦-엘라누 ⑧-G.실바 ⑨-L.파비아누 ⑲- J.바프티스타 ⑪-호비뉴

아니나 다를까, 본선을 앞두고 카카의 몸에 이상이 생기면서 비상이 걸렸다. 그는 09-10 시즌 내내 자신을 괴롭혔던 무릎 부상을 안고 월드컵에 참가했다. 장기인 스피드가 떨어지면서 그의 속도에 기반을 뒀던 브라질의 역습 구도도 타격을 입었다. 물론 잘 조직된 플랜A의 균형이 쉽게 흔들리지는 않았다-둥가호는 코트디부아르, 포르투갈, 북한과 함께 속한 F조에서 2승 1무 5득점 2실점으로 16강에 안착한 후 돌풍의 주역이었던 칠레를 3 - 0으로 꺾고 8강에 올

랐다. 하지만 무뎌진 창끝은 네덜란드와의 8강전에서 끝내 팀에 해를 끼치고 말았다. 브라질은 전반 내내 공세를 퍼붓고도 카카를 비롯한 주요 공격수들의 부진으로 고작 한 골을 넣는데 그쳤다. 결과적으로 이것이 화근이 되었다. 기회 뒤에는 언제나 위기가 찾아오는 법이다. 상승 분위기를 확실하게 잡지 못한 브라질은 앵커맨 펠리페 멜루의 돌발 행위를 계기로 급속히 무너졌다. 그는 후반 8분에 자책골을 기록한 것도 모자라, 후반 17분에는 상대 선수를 향한 불필요한 발길질로 퇴장을 당하며 팀을 수렁에 빠뜨렸다. 경기 분위기는 이로 인해 완전히 뒤집혔다. 급박한 상황 속에 내리 두 골을 허용한 브라질은 결국 1 - 2로 패하며 8강에서 탈락했다.

경기 후 골 결정력이 부족했던 공격진이 탈락에 대한 책임 공방에서 도마 위에 올랐다. 대부분 No.9의 역할을 완수하지 못한 루이스 파비아누를 저격했지만, 근본적인 원인은 카카가 1선과 2선 사이에서 찬스메이커 역할을 제대로 해내지 못한 것에 있었다. 카카의 부진에 대한 원인으로는 카카 본인의 나쁜 컨디션뿐만 아니라, 그를 인근 지역에서 보조해야 했던 '엘라누의 대체자' 다니엘 알베스의 부진한 움직임도 빼놓을 수 없었다. 따라서 디에구 리바스와 호나우지뉴를 제외해야만 했던 둥가의 시스템 운영은 월드컵 후 자국 축구계에서 재고될 필요가 있었다.

하지만 이 세대가 단순히 결과만 가지고 저평가 되는 것은 바람직하지 않았다. 비록 No.10 딜레마를 완전히 풀지는 못했으나, 전통주의와 현대화론 사이의 오랜 갈등에 대한 대안을 제시한 것만으로도 당시 세대는 충분히 가치 있는 평가를 받을 만 했다. 그러나 과정보다 결과에 주목한 브라질 축구계는 둥가를 실패한 지도자로 매도했다. 그리고 늘 그랬듯이 전통주의에 입각한 보수론자들이 목소리를 높였다. 물론 공격축구로 여러 차례 실패를 경험해온 대표 팀이 전통주의로 회귀할 가능성은 낮았다. 그렇다고 둥가의 시스템이 추후에 다시 채택되거나 참고 되어질 가능성 또한 높지 않았다. 둥가의 시스템은 개혁파인 현대화론자들 사이에서도 그 틀 내에서 시행된 '또 한 번의 개혁'으로 인식되어지던 사항이다. 월드컵에서 사실상 그 개혁이 실패한 결과를 낳았으니, 보수 여론이 집결하는 것은 어쩔 수 없는 현상이었다. 따라서 차기 감독은 현대화론 속에 이미 깊게 자리 잡은 또 다른 보수론의 기반, 즉 '컴펙트한 압박 스타일'을 고집스럽게 밀고 나갈 공산이 컸다. 실제로 상황을 냉철하게 짚지 못한 현대화론자 속의 보수주의자들에 의해 브라질 대표 팀은 또 다시 슬럼프에 빠지고 만다.

요점정리

1) '선 수비 후 역습에 기반한 4-2-2-2에서는 클래식 No.10이 아닌, 속도전에 능한 간결한 타입의 No.10을 활용해야 한다'는 전술적인 제약이 발생함. 이는 천재 플레이메이커 디에구와 호나우지뉴가 최종 엔트리에 포함되지 못한 주요인으로 작용하게 됨.
2) 주전 No.10 카카의 백업을 구하지 못한 둥가호는 그의 부진으로 본선에서 위기에 처함.
2) 네덜란드와의 8강전에서 펠리페 멜루의 기행과 카카의 부진 속에 1 - 2로 패배.
3) 자국 축구계는 둥가의 전술을 '실패한 것으로' 규정함.
4) 월드컵 후 중원 압박에 기반 했던 과거의 시스템으로 돌아가고자 하는 분위기가 조성됨.

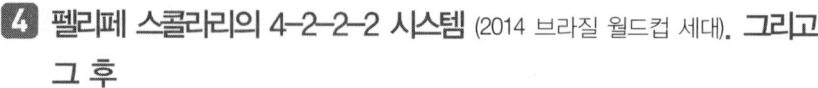

4 펠리페 스콜라리의 4-2-2-2 시스템 (2014 브라질 월드컵 세대). 그리고 그 후

둥가의 후임으로 유력하게 거론되던 인물은 세 명이었다. 2002 한일 월드컵에서 3백으로 팀에 우승컵을 안겼던 펠리페 스콜라리, 선 수비 후 역습으로 2000년대 중반에 코파 리베르타 도레스컵에서 인상적인 발자취를 남긴 무리시 히말류, 2007년 시즌에 2부 리그(세리아 B)로 추락했던 전통명가 코린티안스 SC를 2년 만에 1부 리그 정상급 팀으로 부활시킨 마누 메네세스가 그들이었다. 이 중, 개인적인 사유로 협회의 제안을 거절한 스콜라리, 히말류를 대신하여 3순위였던 마누 메네세스가 대표 팀을 맡게 되었다.

예상대로 그는 둥가의 전술 노선을 따르지 않았다. 그의 플랜에서 주목해 볼 점은 대표 팀이 지난 30여 년간 고수해온 4-2-2-2 시스템의 해체였다. 그리고 2010 남아공 월드컵을 통해 대세로 떠오른 스페인식 4-3-3 시스템을 팀에 도입하려 했다.

변화를 택한 메네세스의 시도 자체는 신선했다. 하지만 방향이 맞지 않았다. 브라질 선수들은 새 전형에서 자신의 강점을 잃어갔다. 선수들이 스페인식 4-3-3에 적응하지 못한 것이 원인이었다. 기술적인 능력과 전술 이해도의 차원이 아닌, 브라질 선수들과 스페인 선수들의 성향 차에서 비롯된 문제였다.

브라질 선수들의 움직임은 대개 공격적이고 직선적이다. 과감한 돌파와 득점에 대한 강한 열의를 보이는 게 특징이다. 반면 스페인 선수들은 플레이의 정확도를 중히 여긴다. 우선 좌·우 공간을 충분히 확보한 후에 차분하게 슛 기회를 만들어가려는 경향이 두드러진다. 따라서 앞-뒤 라인을 좁혀 측면을 활발하게 공략하는 월드컵 챔프 팀의 4-3-3 메커니즘은 브라질적인 특성과 어울리기 힘들었다.

　브라질의 미드필드진을 구성한 간수, 하미레스, 루카스 레이바는 스페인의 사비, 이니에스타, 부스케츠와 분명히 다른 선수들이었다. 이들이 가진 강점은 오히려 역습에 더 어울렸다. 결국 투박한 미드필드진이 점유율 확보를 제대로 해내지 못하면서 탈이 났다. 수비수들은 넓게 형성된 배후 공간 때문에 늘 곤란한 입장에 처했고, 공격수들은 엉성한 미드필드진을 지원하다가 정작 자기 색깔을 잃어버렸다. 잘못된 전술 설정 하나가 공격과 수비 운영을 모두 엉망으로 만들어버린 것이다(그림 144).

▲ (그림 144) 아르헨티나 코파아메리카 2011 당시 브라질 포메이션

①- J.세자르 ③- 루시우(C) ④- T.실바 ⑤- 루카스 ⑥- A.산토스 ⑦- 호비뉴 ⑧- 하미레스 ⑨- 파투 ⑩- 간수 ⑪- 네이마르 ⑬- 마이콘

대표 팀은 메네세스 부임 후 2년 반 동안 A매치 33전 21승 6무 6패라는 성적을

거두었다. 기대치에 비하면 좋지 못한 성과다. 특히 강팀과의 전적이 좋지 않았다. 그들은 프랑스, 네덜란드, 독일, 아르헨티나 등 정상급 강호들과 벌인 8차례의 대전에서 2승 2무 4패를 기록했다.

3년 가까이 같은 이유로 부진이 계속되자 협회는 메네세스를 경질하고 2002 한일 월드컵 우승의 주역인 펠리페 스콜라리를 새 감독으로 선임했다(2012년 11월). 그는 볼 점유율을 중시했던 전술 기조를 4-2-2-2에 근거한 선 압박 후 역습으로 바꾸었다. 이를 위해 앵커맨 루카스를 구스타부로, 박스 투 박스 미드필더 하미레스를 파울리뉴로 대체하면서 중원의 파워와 기동성을 배가했다. 그리고 체력이 강한 오른쪽 공격형 미드필더 헐크에게 적극적인 수비 가담을 요구하면서 '에이스' 네이마르의 플레이 자유도를 높이려 했다.

하지만 스콜라리호의 시스템 운영도 안정성이 떨어졌다. 압박 능력 확보에 치중한 선수단 운영으로 인해, 미드필드진의 패스 정확도가 낮아진 게 문제였다. 미드필더 오스카, 헐크, 구스타부, 파울리뉴 중에서는 볼을 순환시킬 수 있는 확실한 플레이메이커가 없었다. 결국 수비라인이 위험을 무릅쓰고 직접 나서서 빌드 업의 진행 방향을 조율해야 했다(그림 145).

Soccer Tactics

▲ (그림 145) 컨페더레이션스컵 2013, 2014 월드컵 당시 브라질 포메이션

⑫- J.세자르 ②- D.알베스 ③- T.실바(C) ④- D.루이스 ⑥- 마르셀루 ⑦- 헐크
⑨- 프레드 ⑩- 네이마르 ⑪- 오스카 ⑰- L.구스타부 ⑱- 파울리뉴

1) 시스템 구조

스콜라리호는 클래식 No.10을 활용하지 않았다. 동 포지션에는 수비 가담 빈도가 높은 오스카가 위치했다. '에이스' 네이마르의 플레이 자유도를 높이기 위한 조치였다. 하지만 이것은 자칫 네이마르 의존도를 키울 공산이 있었다. 따라서 오스카의 파트너로는 엘라누 같은 윙 하프-중앙 미드필더 성향의 선수가 아닌, 헐크같은 수비 가담력이 있는 포워드가 주로 기용되었다(이로써 4-2-2-2, 4-2-3-1, 4-3-3의 경계가 모호해졌다. 4-2-2-2를 기준으로 4-2-3-1, 4-3-3을 병용하는 것이 가능해졌다는 말이다.)

2) 시스템 운영 방법

스콜라리호는 수비라인을 높은 지점에서 유지하며 공-수를 운영했다. 자연히 미드필드 1선에 위치한 선수들은 항상 적극적인 수비 가담을 염두에 두고 경기를 치러야 했다. 압박에 성공하면 측면을 기점으로 공격을 진행했다. 왼쪽은 네이마르, 오른쪽은 헐크가 기준점을 잡아주었다. 빌드 업에서 침투 단계로 넘어가면, 이들은 측면에서 문전으로 빠르게 진입하며 1-2선의 센터 라인(센터 포워드 프레드-공격형 미드필더 오스카)과 협력했다.

- Left

좌측의 공수 운영에서는 오스카의 활약이 중요했다. 오스카가 왼쪽 구역을 광범위하게 커버하면서 '에이스' 네이마르와 왼쪽 풀백 마르셀루의 수비 부담을 더는 것이 핵심이었다. 즉 오스카의 이타성을 앞세워 네이마르-마르셀루 라인의 전진을 유도하는 것이 운영의 포인트였다. 창의성이 뛰어난 네이마르-마르셀루 콤비는 공격에 보다 전념할 수 있는 여건에서 화려한 축구를 뽐냈다.

- Right

오스카가 '에이스' 네이마르를 지원하는데 주력했기 때문에, 미드필드 1선의 우측에는 공격과 미드필드에서 모두 활동이 가능한 선수가 포진해야 했다. 헐크가 적임자였다. 그는 자신의 강점인 체력을 앞세워 우측면의 공수를 활발히 넘나들며 팀 전술의 균형 유지에 크게 기여했다. 그리고 오른쪽 풀백 다니엘 알베스가 전방 침투, 공격 공간 확보, 찬스 메이킹 등 윙 포워드의 주된 역할에 대부분 관여하며 헐크의 역할 부담을 덜어주었다.

이 시스템은 공격 성향이 짙은 4백의 뒷 공간에 의해 한 번에 무너질 우려가 있었다. 그래서 당시 대표 팀에서는 공격과 수비의 리더였던 네이마르와 티아구 실바의 활약이 매우 중요했다. 네이마르가 날카로운 돌파로 적진에 부담을 안겨 미드필드 저지선의 힘을 덜어주고, 티아구 실바가 배후 공간을 폭넓게 커버하며 팀의 무게 중심을 뒷받침하는 것이 대형의 위험을 차단할 핵심 요소였다. '팀 스피릿'보다는 특정 재능의 능력에 의지하여 팀 조직을 구성한 것이다.

어쨌든 네이마르와 티아구 실바가 건재한 브라질은 압박, 역습, 골 결정력 등 모든 면에서 완성도 높은 면모를 보여주었다(브라질 컨페더레이션스컵 2013 우승, 5전 전승 14득점 3실점). 다만 둘 중 한 명이라도 부진하거나 그라운드에서 부재하게 될 경우, 내놓을 만한 대안이 없었다는 것은 우려되는 부분이었다.

　월드컵을 앞두고 대부분의 전문가들이 브라질의 우승 가능성을 높게 평가했다. 하지만 이는 어디까지나 베스트 11이 예선부터 결승까지 온전하게 컨디션을 유지한다는 것이 전제된 분석이었다. 월드컵은 단기 토너먼트 대회로 분류되지만, 실제 그 여정은 결코 짧지만은 않다. 토너먼트 한 경기 한 경기의 치열함을 감안한다면, 경고 트러블, 선수들의 컨디션 저하 및 부상 등은 언제나 염두에 두어야 할 대상이었다.

　본선에서 브라질은 티아구 실바와 네이마르를 주축으로 무난하게 순항하며 8강에 안착했다. 하지만 중요한 순간에 찾아온 문제가 그들의 발목을 잡았다. 콜롬비아와의 8강전에서 티아구 실바가 경고 트러블에 묶이며 1경기 출장정지 처분을 받고, 네이마르가 큰 부상을 당해 대회에서 아웃되면서 비상이 걸렸다. 물론 대회를 치러 나가다보면 위와 같은 크고 작은 변수는 언제나 발생하기 마련이다. 브라질 수준의 우승 후보라면 이러한 부분들에 대해 어느 정도 슬기롭게 대처해 나가는 모습을 보여야 한다. 그러나 이것은 두 선수에게 전적으로 의지해왔던 당시 스콜라리호에게는 해당되기 힘든 사항이었다. 현지를 비롯해 전 세계의 축구 관계자들은 당시 실바와 네이마르의 공백을 심각하게 바라봤다.

　핵심 선수를 두 명이나 잃은 만큼 변화는 필수였다. 스콜라리가 독일을 맞아 어떤 카드를 꺼내들 것인가 여부는 당시 축구계를 뜨겁게 달군 이슈였다. 그간 이렇다 할 플랜B를 선보인 적이 없었기에 더욱 그랬다. 그러나 스콜라리는 놀랍게도 기존의 전술을 고수했다. 수비 위주로 대형을 재편성할 것이라는 당초 예상과는 달리, 4-2-2-2(혹은 4-2-3-1)에 기반을 둔 전방 압박과 과감한 공격을 독일 전 전략으로 내세웠다. 그리고 티아구 실바의 역할을 단테가, 네이마르의 역할을 베르나르드가 똑같이 재현해 주길 기대했다. 물론 이것은 너무나 모험적인 처사였다. 단테는 우수한 기량을 가진 센터 백이었지만, 수비 반경과 스피드 면에서는 단점을 가지고 있었다. 배후의 넓은 공간을 무대로 상대 공격수와 속도 경합을 펼쳐야하는 티아구 실바의 역할을 대신 할 적임자는 아니었다. 또한 베르나르드는 애초에 대표팀의 공격을 이끌만한 능력과 경험을 가지고 있지 않았다. 결과적으로 실바와 네이마르의 수준 높은 플레이에 가려져 있던 결점이 독일전에서 그 모습을 드러냈다(그림 146).

▲ (그림 146) 4강 독일전 포메이션

⑫- J.세자르 ④- D.루이스(C) ⑤- 페르난지뉴 ⑥- 마르셀루 ⑦- 헐크 ⑨- 프레드
⑪- 오스카 ⑬- 단테 ⑰- L.구스타보 ⑳- 베르나르드 ㉓- 마이콘

> 왼쪽 윙 포워드 베르나르드가 고전하자 수비 부담을 던 독일이 마음껏 압박에 나섰다. 때문에 전진 배치한 4백이 수시로 위험에 처했다. 단테의 느린 발은 이로 인해 더 부각되었다. 결국 중원과 수비진에서의 주도권이 독일에게 통째로 넘어갔다.

독일은 완벽하게 그라운드를 장악했다. 수비라인을 마음껏 전진배치 시켰고, 단순한 패턴으로도 브라질 4백의 배후 공간을 쉽게 열었다. 브라질은 아무런 대항도 하지 못하고 처참한 모습으로 일관했다. 결과는 독일의 일방적인 폭격 속에 1 - 7 브라질의 패배로 마무리되었다. 월드컵 토너먼트에서는 보기 힘든 충격적인 스코어였다. 미네이랑 국제 스타디움은 이내 비통함에 잠겼다. 그라운드를 떠나는 브라질 선수들의 표정은 공포와 두려움, 허탈함에 사색이 되었다. 승자인 독일 선수들도 마음껏 기쁨을 표출하지 못했다. 패자도 승자도 경기를 지켜본 모두에게도 믿기 힘든 순간이었다. 4강전의 영향 때문인지 브라질은 3,4위전에서도 무력했다. 티아구 실바가 복귀했지만 전의를 상실한 브라질 선수들은 이미 모든 의욕을 잃은 상태였다. 끝내 이 경기에서도 0 - 3으로 지며 4위에 머무르고 만다.

'미네이랑의 비극'으로 일컬어지는 이 사건은 현대 축구에서 특정 선수에게 의존하는 것이 얼마나 위험한지, 플랜B가 얼마나 중요한 의미를 가지는지 여실히 보여줬다. 그리고 브라질 축구계는 '특정 개인'이 아닌, '팀'으로서 발휘되는 조직력의 필요성을 또 한 번 깨닫고 체질 개선에 나섰다. 그 일환으로 카를로스 둥가를 4년 만에 대표팀 감독으로 다시 불러들였다.

자국민들이 반기지 않는 수비적인 전술을 폈던, 심지어 실패한 결과를 낳았던 지도자를 단 4년 만에 복귀시킨 것은 브라질 축구계의 성향을 고려해 볼 때, 놀라운 일이다. 그만큼 브라질은 냉정하게 현실을 직시하고 있다. 둥가 축구의 목적은 비교적 낮은 지역에 수비 진영을 구축하면서 상대의 전진을 유도하는 것이다. 적진의 배후 공간을 공략할 여건을 조성하기 위해서이다. 2010 남아공 월드컵 당시 그는 브라질 전통의 4-2-2-2와 강력한 피지컬을 가진 월드 클래스 수비 자원들을 조화시켜 이를 성공적으로 실현해냈다. 하지만 복귀 후 행보는 이전과 달랐다. 선수단-특히 수비 자원들-의 약해진 피지컬이 근본적인 이유였다. 유럽 명문 리그에서 톱클래스 플레이어로 인정받는 티아구 실바, 마르퀴뇨스, 알랑 마르케즈, 마르셀루는 후방에서의 뚝심 있는 수비를 중시하는 둥가의 전술에 맞지 않았다. 이들 대신 중용된 미란다, 지우, 엘리아스, 필리페, 다비드 루이스는 뛰어난 피지컬을 갖춘 반면, 안정성이나 기량 면에서 세계 수준과 거리가 있었다. 톱클래스 선수들의 성향과 감독의 전술적 철학이 서로 조화되지 못한 것이다. 이에 대한 해법을 찾지 못하며 전술 구성에 난항을 겪던 둥가는 끝내 부임 2년 만에 해임되고 만다(그림 147).

▲ (그림 147) 둥가 호 베스트 포메이션

①- 알리손 ③- 미란다 ④- D.루이스 ⑤- 엘리아스 ⑥- F.루이스 ⑦- D.코스타 ⑧- R.아우구스투 ⑩- 네이마르(C) ⑮-D.알베스 ⑰- L.구스타부 ⑲- 윌리안

둥가는 2018 러시아 월드컵 남미지역예선에서 주로 4-1-4-1 포메이션을 사용했다. 정확히, 경기 중 4-1-4-1에서 4-2-2-2(혹은 4-1-3-2)로 전환해가는 방식을 추구했다. 최전방의 네이마르가 2선으로 이동하여 문전에 공간을 생성하면, 측면 미드필더 더글라스 코스타와 윌리안(혹은 중앙 미드필더 헤나투 아우구스투)이 문전으로 침투하며 포메이션 전환을 주도했다. 전성기를 맞이한 더글라스 코스타와 네이마르를 공존시키면서 비교적 약한 No.9 자리의 문제를 해결하기 위한 전략이었다. 하지만 미드필드 1선의 전방 진입이 잦고 미드필드 2선에 1명만 배치하는 이 전형에서는 1선과 2선을 이어주는 공격형 플레이메이커, 즉 No.10을 두기 어려웠다. 수비의 균형 탓이다. No.10의 부재는 곧 빌드 업과 침투 과정의 정확성 및 속도를 떨어뜨렸다. 이는 리더십이 고갈된 중앙 수비진의 문제와 더불어 둥가호가 고전했던 주요인이었다. 해법을 찾지 못한 둥가는 2016 코파아메리카 센테나리오에서 조별예선 탈락을 확정 지은 후 끝내 불명예 퇴진했다.

둥가의 후임은 2015 브라질 세리아 A에서 코린티안스의 우승을 이끈 티테다. 그 역시 수비 조직 구성에 일가견이 있는 현대화론자이다. 또한 현 브라질 최고의 전술가이기도 하다. 오랜 경험에서 묻어나는 티테의 노련한 리더십과 전술 구사력은 미네이랑에서의 참패 이후 이기는 법을 잃어버린 현 대표 팀에 큰 힘이 되어줄 것이 분명해 보인다.

그러나 티테호의 행보와는 별개로, 장기적인 측면에서 브라질 축구계가 꼭 짚고 넘어가야 할 것이 있다. 현대화가 내포하고 있는 결점이 그것이다. 브라질 축구는 현재 현대화론자들이 주도하고 있지만, 이를 바라보는 자국 축구계 전반의 시선은 여전히 따갑다. 실리주의의 도입 후 초래된 공격수기근 현상이 가장 큰 이유이다. 브라질 축구의 현대화가 본격화 된 이래(80년대 후반~), 걸출한 공격수가 점차 사라지고 있다는 것은 부인하기 힘든 사실이다-레오니다스, 아데미르, 바바, 펠레, 토스탕, 자이르지뉴, R.다이나마이트, 카레카, 호마리우, 호나우두로 이어져오던 특급 공격수 계보는 호나우두가 대표 팀을 떠난

2000년대 중반을 기점으로 끊겼다. 그 후 호비뉴, 파비아누, 네이마르, 프레드 같은 좋은 선수들이 배출되고는 있지만, 이전 세대와 비교하면 무게감이 떨어진다. 반면 정상급 중앙 미드필더, 수비수의 발굴에 있어서는 꾸준히 성장세를 보이고 있다. 나쁜 추세라고 단정 짓기는 어려우나, 우려스러운 것은 사실이다. 경기 운영의 틀을 만드는 주체는 안정성과 실리성이지만, 승부를 결정짓는 힘은 결국 전통성(자기 정체성, 즉 그들만의 특별한 볼 감각과 창조성, 공격성 등)에서 나오기 때문이다.

현대화가 추구해야 할 궁극적인 목표는 팀의 실리화 그 자체가 아니라, 전통성을 탄탄하게 받칠 틀을 조성하는 것이다. 따라서 뛰어난 테크니션(즉 특출난 공격 자원)들을 양성하기 위한 노력이 차선의 것으로 밀려서는 안 되며, 실리주의를 맹신하는 분위기 또한 필히 경계해야 한다. 공격 인재 육성 실패로 최근 위기 조짐이 일고 있는 브라질 축구계가 현시점에서 반드시 숙고해봐야 할 사항들이다.

요점정리

1) 메네세스호는 스페인식 4-3-3 시스템(점유율 축구, 티키타카)을 모방하려다 실패함.
2) 후임자인 스콜라리가 4-2-2-2 근간의 압박 시스템을 내세워 2014 브라질 월드컵에 대비함.
3) 플레이메이커 부재로 수비진의 빌드 업 참여 폭이 넓어짐. 4백 배후에서의 수비 불안이 가중됨.
4) 공격수 네이마르와 수비수 티아구 실바의 개인 능력에 의지하여 3)의 문제를 극복해 나감.
5) 스콜라리는 네이마르-티아구 실바 중심의 플랜A를 대체할 플랜B 마련에 미진한 모습을 보임.
6) 네이마르와 티아구 실바가 결장한 독일과의 4강전에서 수비진의 허점이 부각되며 1-7로 패함.
7) 2014 브라질 월드컵 후 카를로스 둥가를 복귀시켜 팀 경기 운영의 실리화를 꾀했지만, 실패로 돌아감.
8) 오랜 현대화의 과정에서 조금씩 고개를 들던 공격수 기근 현상이 근래 들어 표면 위로 부상함. 실리주의에 대한 재고의 필요성이 대두됨.

간략히 훑어보는 월드컵 전술 변천사

월드컵 전술 80년 역사는 한 가지 뚜렷한 특징을 보여 왔다. 공격진의 수비화, 수비진의 공격화가 그것이다. 자연히 미드필드 경쟁력이 매번 중요하게 다뤄졌다. 섬세한 미드필드 전술과 조직력, 그리고 이를 필두로 한 탄탄한 공·수 밸런스는 각 국가의 전통성 확립 이전에 전제되어야 할 필수 요소였다. 글을 마치며 월드컵 전술 변천사를 간략하게 살펴보고자 한다.

1) 2-3-5와 3-2-2-3 - 30 우루과이 월드컵 ~ 54 스위스 월드컵

공격적인 팀이 2-3-5(피라미드 전형)를, 실리적인 팀이 3-2-2-3(WM 전형)을 활용하던 시기. 일 메토도, 시스테마, 대각선식 WM, MM 등 변형 시스템이 등장하기는 했지만, 기본 골격은 항상 위의 두 시스템에 근거했다. 전문 미드필더 없이, 주로 인사이드 포워드(공격진 조력자)와 센터 하프(수비진 조력자)가 중원 싸움을 주도했다.

2) 4-2-4 - 58 스웨덴 월드컵

공격수 4명과 수비수 4명을 2명의 링커맨이 이어주는 것이 주요점이다. 전문 미드필더의 역할을 강조한 최초의 시스템으로 여겨진다. 펠레라는 걸출한 신예를 스웨덴 대회의 주인공으로 만들어 준 전형이기도 하다. 4-2-4를 앞세운 브라질은 프랑스와 스웨덴을 각각 5-2로 꺾고 우승을 차지했다.

3) 4-3-3 - 62 칠레 월드컵

58 스웨덴 월드컵 이후 보편화 된 4-2-4를 잡기 위해 고안된 시스템. 브라질은 왼쪽 윙 포워드를 왼쪽 미드필더로 내린 변형 4-2-4, 즉 4-3-3을 고안하여 4-2-4를 입은 상대 국가들을 중원에서 압도했다. 이 대회에서도 브라질이 정상에 올랐다. 4-2-4에서 4-3-3으로 넘어가는 과정은 실리축구의 유행을 예견케 했다.

4) 4-4-2 - 66 잉글랜드 월드컵

브라질의 변형 4-2-4를 잡기 위해 유럽의 강호들이 대부분 정형화 된 4-3-3을 입었던 대회. 미드필드진에 포진하는 브라질 왼쪽 공격수의 움직임을 중원에 묶어두는 것이 목표였다. 이러한 추세에서 홈팀 잉글랜드는 독단적으로 4-4-2(4-3-1-2)를 내세우며 대회 정상에 섰다. 그들은 공격형-수비형 미드필더와 와이드 한 측면 미드필더들을 조화시켜 매 경기 중원을 효과적으로 장악했다.

5) 3포워드에서 2포워드로 - 70 멕시코 월드컵

4-3-3을 기준으로 전술적인 아이디어가 다양하게 대두됐던 대회. 브라질은 풀백의 오버래핑을 강조한 4-3-3 기반 변형 3-4-3을 앞세우며 우승했고, 이탈리아는 수비형 시스템인 1-4-3-2로 준우승을 차지했다. 잉글랜드는 4-4-2로 여전히 강력한 모습을 보였다.

전체적으로는 3포워드에서 2포워드로 넘어가는 흐름이 암시되던 대회였다고 평할 수 있다. 사실상 공격축구가 꽃피울 수 있었던 마지막 시대였다.

6) 토털 사커와 공격형 리베로 - 74 서독 월드컵

'현대 축구의 개막' 4-3-3, 4-4-2 등 포메이션의 숫자보다는 공격-미드필드-수비의 유기적인 협력 플레이가 중시되는 흐름이 열렸다. 대표적인 국가가 네덜란드와 서독이었다. 이 중 네덜란드는 전원공격-전원수비에 기반 한 토털 사커를 선보였고, 서독은 리베로의 특수한 가치를 살려 차별화된 빌드 업 운영 능력을 자랑했다.

센세이션을 일으킨 쪽은 네덜란드였으나, 월드컵 후 축구계 강자들은 보다 실리적인 서독의 노선을 따라갔다. 토털 사커는 80년대 후반에 이르러 아리고 사키의 압박 전술이 대동하면서부터 본격적으로 조명 받게 된다.

7) 과도기 - 78 아르헨티나 월드컵

4-3-3과 4-2-4를 혼용한 홈팀 아르헨티나의 공격력은 대회 내내 화려한 면모를 보였다. 그러나 이는 심판의 도움이 적지 않게 작용한 결과였다. 국제 축구의 전술 흐름과 명승부전보다는 아르헨티나 국가 정부의 권력 기반이 특히 주목받던 대회였다.

8) 4-4-2 리베로 시스템 - 82 스페인 월드컵

포워드를 2명만 두는 시스템이 일반화된 시기. 4백 구성원 중 3명이 상대의 2포워드를 대인방어로 묶고, 여유 자원 1명(풀백 1명)이 미드필드와 공격진으로 자주 이동하는 전술이 유행했다. 이로써 중원싸움이 더욱 가열되었다. 화려한 공격력의 브라질과 전 대회 우승국 아르헨티나는 이러한 추세에 밀려 조기 탈락했고, 전방에 공격수를 1명만 두는 파격적인 조치로 2선을 강화한 이탈리아가 트로피를 차지했다.

9) 윙백 시스템 - 86 멕시코 월드컵

윙백 시스템. 이는 공격형 풀백과 토르난테(측면 수비에 가담하는 측면 미드필더)가 이루었던 측면 조합을 위치적으로 정형화한 결과물이다. 미드필드 경쟁력 강화가 목표였다. 이로써 자연스럽게 3-5-2가 등장했다. 86 멕시코 월드컵 우승 팀인 아르헨티나와 준우승 팀인 서독이 이를 내세워 대회를 접수했다.

10) 압박 3-5-2 - 90 이탈리아 월드컵

'압박 3-5-2' 공격진의 수비화, 수비진의 공격화가 빚어낸 현대 축구의 작품이다. 이는 멕시코 월드컵 이후 압박 전술의 해답으로 여겨지며 큰 인기를 끌었다. 하지만 수비진을 일자 형태로 정돈하기 힘든 리베로 전술의 특성은 미드필더들에게 활동 부담을 안겼다. 이러한 여건에서 체력의 강점을 앞세운 서독이 무난하게 챔피언 자리를 차지했다.

11) 플랫 4-4-2 - 94 미국 월드컵

압박 3-5-2의 실효성에 의심을 품은 축구계 강자들이 94 미국 월드컵을 앞두고 플랫 4-4-2를 주목했다. 하지만 이 시스템은 오히려 선수들의 개성과 3선간의 유기성을 앗아갔다. 리베로는 자유를 잃었고, 플레이메이커는 윙으로 활동해야 했다. 2선의 공격 자원들이 압박을 위해 스스로를 희생해야 하는 여건에서 공격은 대부분 2스트라이커의 능력에 기대어 풀어나가야 했다. 결승 진출 팀은 세계 최고의 스트라이커를 보유하고 있었던 브라질과 이탈리아였다.

12) 4-3-1-2(혹은 4-3-2-1)와 4-2-3-1 - 98 프랑스 월드컵

4-4-2가 해체되고 4-3-1-2(혹은 4-3-2-1)와 4-2-3-1이 득세하는 흐름이 98 프랑스 월드컵을 기점으로 열렸다. 공격과 미드필드 사이에서 활동하는 플레이메이커는 탈 압박의, 미드필드와 수비 사이에서 활동하는 앵커맨은 압박의 중추적인 역할을 이행했다. 이 두 시스템을 완벽하게 가다듬으며 챔피언이 된 프랑스는 밀레니엄 시대의 최강자로 부상했다.

13) 플랫 3백 - 2002 한일 월드컵

플랫 3백(즉 지역방어 기반의 3백). 이는 리베로 전술의 대안으로 90년대 후반 이탈리아 세리아A 무대에서 선보여진 전형이다. 스토퍼와 리베로가 아닌, 센터 백 3명을 활용하는 것이 특징이다. 전진 수비를 펼치며 적진을 강하게 압박하거나, 수비 집중도를 높이고자 하는 팀이 주로 사용한다. 2002 한일 월드컵 당시 4강팀(브라질, 독일, 한국, 터키)이 모두 이것에 기초했다. 물론 월드컵 후 플랫 3백이 국제무대에서 대세를 이룬 것은 아니다. 그러나 90년대 들어 꾸준히 하향세를 타던 3백이 다시 부상했다는 것 자체는 의미가 있었다. 이로써 축구계의 전술 운영 폭이 이전에 비해 훨씬 넓어졌다. 최근에는 4백을 메인으로 하되, 상황에 따라 플랫 3백을 병행하며 효과를 보는 팀이 많아졌다. 아르헨티나와 멕시코, 칠레 등이 대표적이다.

14) 수비형 4-2-3-1 - 2006 독일 월드컵

압박 열풍이 불었던 2002 한일 월드컵 때와 달리 2006 독일 월드컵에서는 선 수비 후 역습 전술이 유행했다. 미드필드 후방에 두 명의 앵커맨을 두기 위해 4-2-3-1을 쓰는 국가가 많았으며, 플레이메이커의 정교한 패스가 역습을 구성하는데 중요한 역할을 담당했다(이탈리아의 토티, 프랑스의 지단, 포르투갈의 데코 등).

15) 수비형 4-2-3-1 그리고 티키타카 - 2010 남아공 월드컵

'선 수비 후 역습'은 꾸준히 유행했다. 그간 압박을 중시했던 브라질과 네덜란드도 이 시스템에 근거해 팀을 다져나갔다. 4-2-3-1도 여전히 성행했다. 다만 4년 전에 비해 특정 플레이메이커에 대한 의존도는 낮아졌다. 상대적으로 미드필드진의 끈끈한 조합이 강조되었다. 특히 미드필드 2선에서 착실하게 볼을 전개하는 플레이가 중요하게 떠올랐다. 하지만 우승 팀은 전방 압박을 중시했던 스페인이었다. 그들은 패스 앤드 무브와 볼 점유율 중심의 축구로 우승을 차지했다. 월드컵 후 스페인의 선전에 자극받은 브라질, 독일, 아르헨티나, 이탈리아 등 주요 강자들이 짧은 원터치 패스와 압박에 기반한 티키타카 스타일(짧은 패스로 볼의 점유율을 높여가는 경기 스타일)을 익히기 위해 노력했다.

16) 압박 4-2-3-1 - 2014 브라질 월드컵

브라질 대회에서는 No.9나 No.10 보다 윙이 득점과 어시스트를 주도하는 경향이 두드러졌다. 때문에 수비 위주의 팀들은 대체로 상대 윙의 문전 이동을 막고자 3백을 차용하려했다. 네덜란드, 칠레, 멕시코, 코스타리카 등이 대표적인 팀이었다. 전체적으로는 압박과 선 수비 후 역습 등 실리 축구가 대세를 이루었다. 우승 팀 독일은 스위퍼 역할을 완벽에 가깝게 수행한 골키퍼 노이어의 활약에 힘입어 티키타카, 압박, 역습 패턴을 유려하게 조화시킨 이상적인 축구를 선보였다.

17) 0스트라이커 시대의 개막?

오래전부터 예견되어 오던 흐름이 최근 들어 급물살을 타고 있다. 스트라이커 기근 현상이 그것이다. 눈여겨볼 점은 주요 강자들이 전통 스트라이커 발굴에 힘쓰기보다, 가짜 스트라이커, 즉 False 9 차용을 마다하지 않고 있다는 것이다. 윙이나 공격형 미드필더로 활약하던 선수들을 No.9 포지션에 기용하여 공격진의 스위칭을 강화하는 전술은 근래 축구계에서 흔히 활용되는 방식 중 하나가 되었다.

물론 팀 조직 구성이 비교적 힘든 국가대표 팀 운영에서는 문전에서 방점을 찍어줄 No.9의 존재 가치가 아직도 중요하게 인식되고 있다. 그러나 언제나 그랬듯이, 각국 A 대표 팀의 전술 구성은 클럽 축구의 트렌드에 맞춰 점차 변화되어 나갈 것이 분명하다.

참고문헌

- 인류 최대의 드라마 월드컵 이야기(유희락 편저/문학사상사)
- 축구, 그 빛과 그림자(에두아르도 갈레아노/예림기획)
- 축구 전쟁의 역사(사이먼 쿠퍼/이지북)
- 축구의 사회학(리처드 줄리아노티/현실문화연구)
- 축구, 아는 만큼 보인다(호르헤 발다노, 바비 롭슨, 소크라테스/아이세움)
- 축구 코칭론(김기호/도서출판 두남)
- 축구는 어떻게 세계를 지배했는가(플랑클린 포어/말글빛냄)
- 축구 (강유원 외/두남)
- 한눈에 축구의 전략을 읽는다(이수열/책이있는마을)
- 한눈에 훑어보는 축구 전략의 역사(이수열/JNC)
- 속시원히 파헤치는 월드컵 강자들의 전술 이야기(이수열/북랩)
- 축구 철학의 역사, 위대한 전술과 인물들(조나단 윌슨/LEE BOOK)
- World cup 70년(한국일보사)
- 4-4-2 (신문선/한국축구연구소)
- 4-4-2 (김호곤, 배명호 공저/배정호 감수)
- 3-4-3 (김호곤, 배명호 공저/배정호 감수)
- 4-3-3 (김호곤, 배명호 공저/배정호 감수)
- 5-3-2 (김호곤, 배명호 공저/배정호 감수)
- 그 외 소장하고 있는 역대 월드컵 및 국제무대 풀 경기 영상자료